マルコ=ポーロ　16世紀にローマの画廊で描かれたもの。アフロ提供

アジア部分にはマルコ=ポーロのもたらした情報が採用されている。アフロ提供

「カタラン地図」（部分）　1375年にスペインのカタロニア人が制作。

ガレー船　クルツォラ島沖に出撃するヴェネツィア艦隊。マルコ=ポーロもその１隻に指揮官として乗り組んだ。（中世のフレスコ画）アフロ提供

コルテ－デル－ミリオーネへの入り口　ヴェネツィア市内のこの付近にマルコ=ポーロ家があったという。アフロ提供

新・人と歴史　拡大版　16

マルコ＝ポーロ

東西世界を結んだ歴史の証人

佐口　透　著

SHIMIZUSHOIN

本書は「人と歴史」シリーズ（編集委員　小葉田淳、沼田次郎、井上智勇、堀米庸三、田村実造、護雅夫）の『マルコ＝ポーロ』として一九七六年に、「清水新書」の『マルコ＝ポーロ・東西を結んだ歴史の証人』として一九八四年に刊行したものに表記や仮名遣い等一部を改めて復刊したものです。

はしがき

マルコ゠ポーロについてはすでに数多くのすぐれた研究書や読物があり、ヨーロッパの学界からはマルコ゠ポーロの『世界の叙述』のテキストや資料が提供され、わが国でもモンゴル史学・元朝史学の業績をふまえた注釈書や研究書が公にされている。岩村忍・青木富太郎・愛宕松男諸氏の訳注書などはその代表的なものである。資料は出つくしたとは言えないにせよ、古文書・テキスト・版本の研究についてはわが国では限界があろう。本書はとくに目新しい資料を使ったものではない。それに伝記じたいとしてはマルコ゠ポーロには具体的な資料は乏しい。マルコ゠ポーロとその『世界の叙述』はモンゴル帝国史の背景なしにはその真の意味は探れない。マルコ゠ポーロを読み、理解するにはモンゴル帝国史の文脈に沿って行かねばならない。本書は著者のひとつのたどり方によって構成されている。

本書ではマルコ゠ポーロに関する在来のイメージを若干変えるような考え方も出されている。マルコ゠ポーロをその父・叔父とひと組みにして、ローマ教皇・元朝交渉史のわく組みのなかで取り扱ったことなどがそれである。いずれにせよ、本書によって読者諸氏が一三、四世紀モンゴル帝国期の東西交渉という世界史的問題に興味を持たれることになれば幸いである。また、参考にさせて頂いた文献の著者の諸賢に深甚の謝意を表したい。

一九七六年四月

著者しるす

目次

VI　マルコ=ポーロの遺産

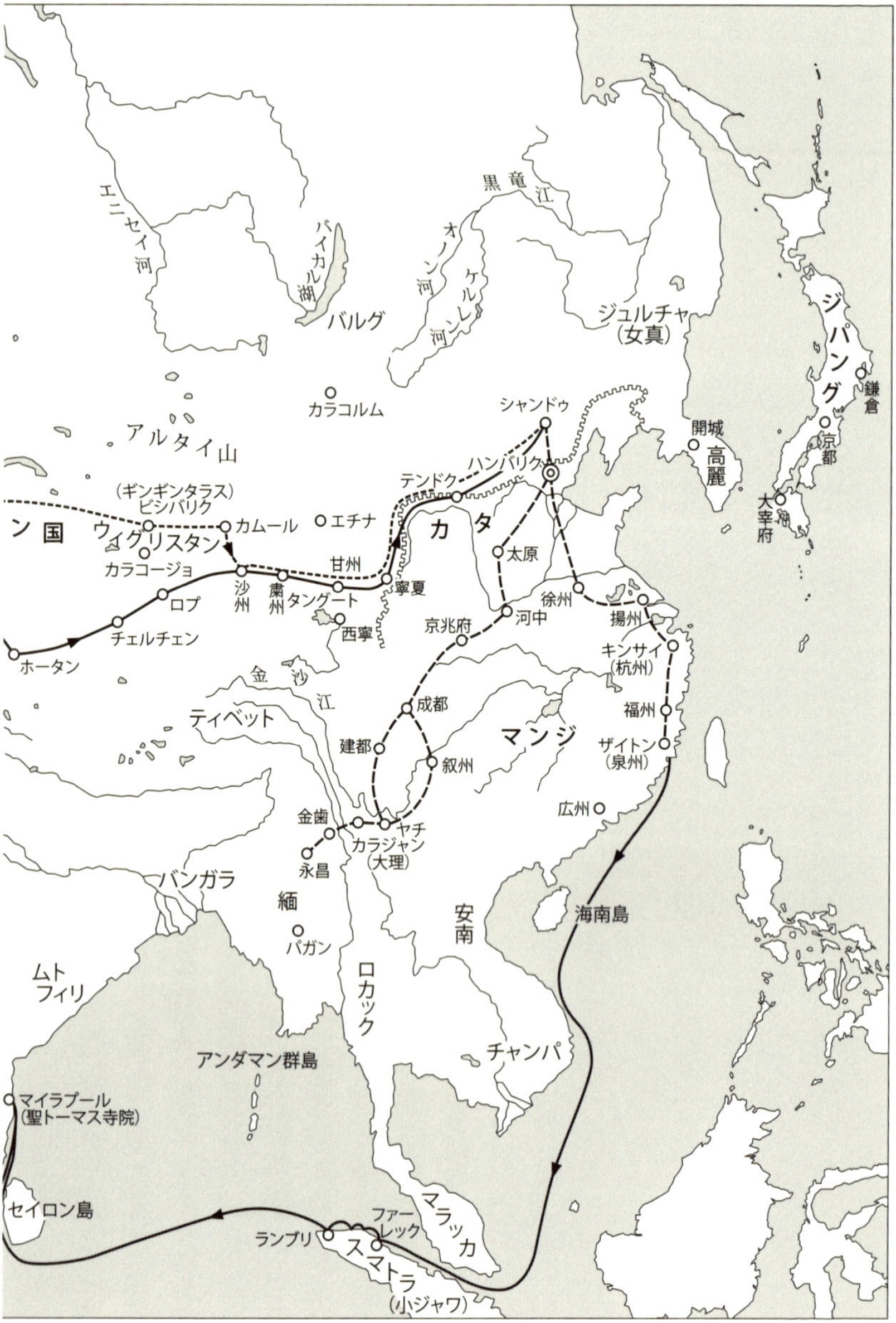

エニセイ河
バイカル湖
バルグ
黒竜江
オノン河
ケルレン河
ジュルチャ（女真）
ジパング
鎌倉
京都
大宰府
開城
高麗
カラコルム
シャンドゥ
アルタイ山
ハンバリク
テンドク
（ギンギンタラス）ビシバリク
カムール
エチナ
ン国
ウイグリスタン
カタ
カラコージョ
太原
甘州
沙州
粛州
タングート
寧夏
ロプ
徐州
揚州
河中
西寧
京兆府
キンサイ（杭州）
チェルチェン
ホータン
金沙江
ティベット
成都
福州
マンジ
建都
ザイトン（泉州）
叙州
広州
金歯
ヤチ
カラジャン（大理）
永昌
バンガラ
緬
海南島
安南
パガン
ムトフィリ
ロカック
チャンパ
アンダマン群島
マイラプール（聖トーマス寺院）
マラッカ
セイロン島
ファーレック
ランブリ
スマトラ（小ジャワ）

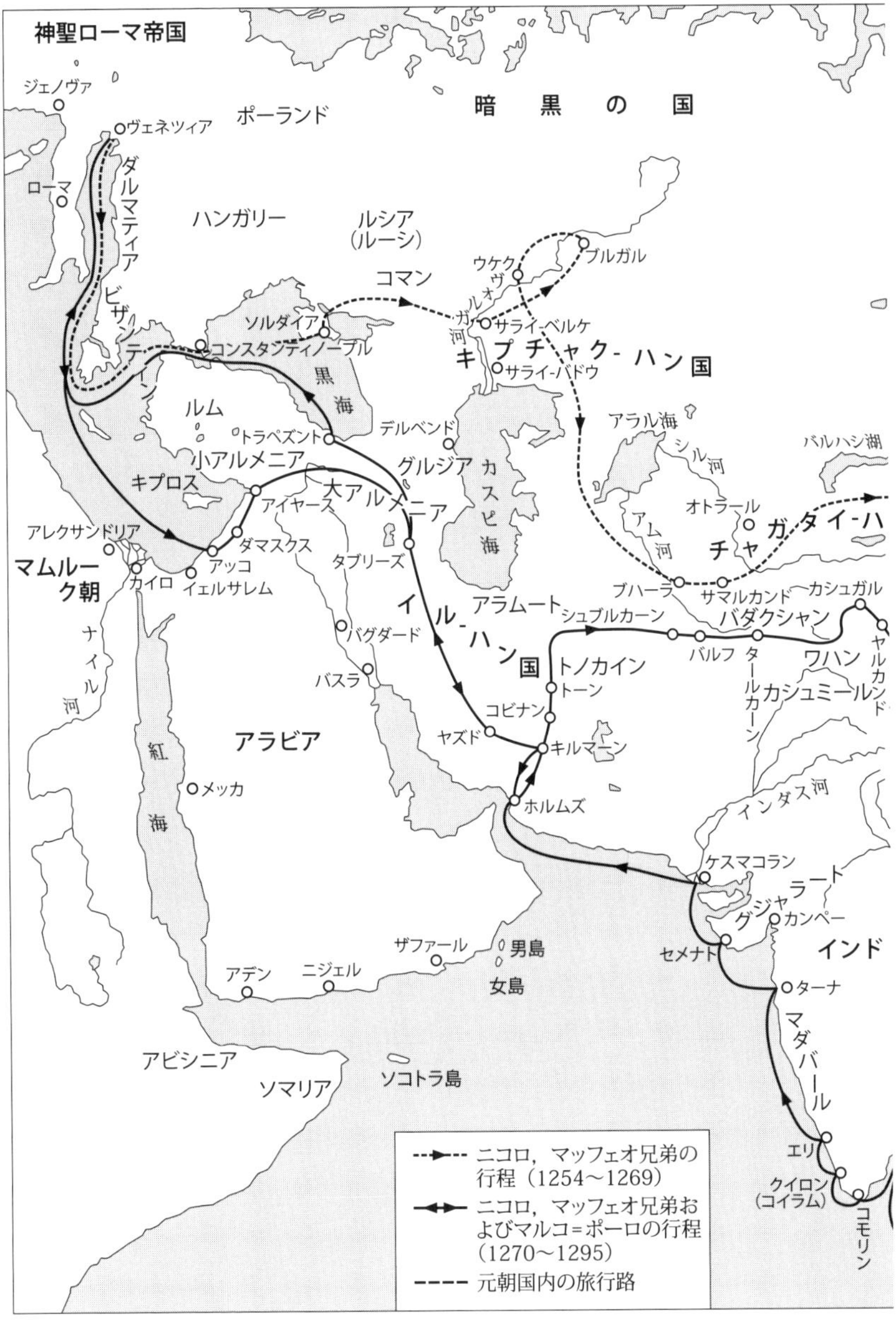

神聖ローマ帝国
ジェノヴァ
ヴェネツィア
ポーランド
暗黒の国
ローマ
ダルマティア
ハンガリー
ルシア
（ルーシ）
コマン
ウケク
ブルガル
ヴォルガ河
ソルダイア
サライ-ベルケ
ビザンティン
コンスタンティノープル
キプチャク-ハン国
サライ-バドウ
黒海
ルム
トラペズント
デルベンド
アラル海
シル河
バルハシ湖
小アルメニア
グルジア
カスピ海
キプロス
大アルメニア
アイヤース
オトラール
アム河
チャガタイ-ハン国
アレクサンドリア
ダマスクス
タブリーズ
マムルーク朝
アッコ
カイロ
イェルサレム
ブハーラ
サマルカンド
カシュガル
アラムート
シュブルカーン
バダクシャン
イル-ハン国
バグダード
バルフ
タールカーン
ヤルカンド
ナイル河
バスラ
トノカイン
トーン
ワハン
カシュミール
コビナン
ヤズド
アラビア
キルマーン
紅海
メッカ
ホルムズ
インダス河
ケスマコラン
グジャラート
カンペー
ザファール
男島
セメナト
インド
アデン
ニジェル
女島
ターナ
マダバール
アビシニア
ソコトラ島
ソマリア
エリ
クイロン
（コイラム）
コモリン
ニコロ，マッフェオ兄弟の行程（1254〜1269）
ニコロ，マッフェオ兄弟およびマルコ＝ポーロの行程（1270〜1295）
元朝国内の旅行路

序章

❖日本とモンゴル

モンゴルすなわち蒙古と言えば、われわれ日本人の立場からすれば、まず、源義経《みなもとのよしつね》伝説が想いだされるであろう。源頼朝《よりとも》の追討を逃れて奥羽の藤原家に身を寄せた義経が結局は一一八九年に藤原泰衡《やすひら》に攻められ、衣川《ころもがわ》で死ぬ。その義経が生き延びて蝦夷《えぞ》ガ島（北海道）に渡り、さらに北アジア大陸へ落ち延びてチンギス-ハンになるという「義経伝説」がある。もとより、信じ難い伝説であるが、古い世代の日本人ならばよく知っている話である。

もうひとつはそのチンギス-ハンの孫で中国を支配して元朝という国家を建てたクビライ（フビライ、漢字では忽必烈）という皇帝が大軍を送って、日本列島の西部、九州の博多湾を襲撃したあの元寇《げんこう》が想いだされる。一三世紀の世界史の動きからほとんど孤立してユーラシア大陸の東辺に武家政権を築いていた鎌倉時代日本人にとって、元寇は大事件であった。このモンゴルの進攻に直面した鎌倉時代は一一九二～一三三三年に当たり、つまり、一二世紀末から一四世紀前半期にいたる約一五〇年の時期である。単に元寇が問題であるのではなく、この元寇のそもそもの原動力だったモンゴル帝国の形成と発展がこの一三世紀のことであったということに注目したい。鎌倉時代日本人が何も知らない間に、チンギス＝ハンを盟主とする北アジアのモンゴル族は征服事業に乗り出し、東は朝鮮半島から、西はモスクワ・キエフにいたるユーラシア大陸の大半を支配下におさめてモンゴル帝国をつくり出していたのである。このモンゴルの民族的、政治的発展とはいかなるものであったか、チンギス＝ハンを始祖とするモンゴル政権はどのようにしてアジアの文明国を征服し、統治し、かつ、また、どのようにして新しい秩序を築いたのか、このモンゴル帝国史の歩みをたどることなしにはマルコ＝ポーロを正しく語ることはできない。なんとなれば、本論で述べるように、マルコ＝ポーロはまさにモンゴル帝国の所産にほかならなかったからである。

❖マルコ＝ポーロへの招待

マルコ＝ポーロは一二五四年にイタリアのヴェネツィア市で生まれた。このイタリア人は運命のめぐりあわせであろうか、一七歳になった一二七一年に、父のニコロと叔父のマッフェオとともにヴェネツィアを出発し、シルク＝ロードを東に旅して中国元朝の皇帝クビライの宮廷へ赴いた。実は、ニコロとマッフェオはこれより先、一二五四年にヴェネツィアを出発して、黒海方面へ貿易に出かけ、それがきっかけとなって、元朝のクビライの宮廷へ赴いたのち、一二六九年に帰郷していたのである。ニコロとマッフェオの東方旅行がなかったならば、マルコの東方旅行もあり得なかったであろう。しかも、ニコロもマッフェオもモンゴル帝国という背景があったればこそ、元朝と接触することができたのであった。

ポーロ家の三人は、一二七四年から九〇年まで約一七年間クビライに仕えて中国に滞在し、一二九〇年末に中国を去り、一二九五年にヴェネツィアへ帰った。その後、マルコは通称「東方見聞録」とも呼ばれている『世界の叙述』という書を著した。この書物は当時のアジアの地理、風物、社会、文化、宗教などについての見聞録であって、他に比類のない高い価値を持つ記録であり、マルコはその著者として不滅の光に輝いている。日本もジパングの名でこの書のなかに記され、これによって、日本が西洋人にはじめて紹介されたのである。

マルコの生涯は栄光と不遇との明暗にわけられる。かれが元朝ですごした約一七年間はかれの壮年時代であって、これをかれの第一の人生とすれば、かれの帰郷後、ヴェネツィアの一市民としてすごした三〇年間は第二の人生であったと言えよう。第一の人生ははるか東方の異境での未知への挑戦に彩られ、また、クビライの官吏として、文明の観察者として有意義なものであった。第二の人生ではマルコは一転してヴェネツィア市民として、一三二四年に他界するまで約三〇年、幾多の有為転変の生活を送り、『世界の叙述』を著したとはいえ、「ほら吹き」「百万のマルコ」などと渾名《あだな》されて、著述の中味を同時代人には信用されず、淋しく世を去った。マルコの正しい評価は後世に待たなければならなかったのである。

I

マルコ＝ポーロ登場の前夜

モンゴルの嵐

❖新世紀への序曲

北アジア草原、とくに今のモンゴル国の国土は遊牧騎馬《ゆうぼくきば》民族発祥《はっしょう》の地であり、揺籃《ようらん》の地であり、遊牧騎馬民国家勃興の地である。一目千里、広茫たる草原に水草を求め、幾十万頭の馬・牛・羊を放牧し、養いながら、春から秋にかけて遊牧移動し、衣食住のほとんどすべてを家畜製品に頼る遊牧民を農耕文明社会の立場から原始的と言ってしまえばそれまでであるが、しかし、かれらはただの羊飼い、馬飼いではない。すでに紀元前から、かれらは部族連合、部族国家を営む能力を持ち、有能なる指導者が現れれば、たちまちにして王国・帝国をも組織して、農耕文明国を侵略したり、征服することもある。かれらは意外に高度な軍事力、政治力、技術を備えているのである。このような北アジア遊牧騎馬民王国として古代の匈奴《きょうど》（フン）、柔然《じゅうぜん》、突厥《とっけつ》（テュルク）、回紇《かいこつ》（ウイグル）、契丹《きったん》（キタイ）などをあげることができる。

九世紀なかばごろ、トルコ系のウイグル帝国が崩壊してから、しばらくの間、政治的に空白状態となっていた北アジア草原にモンゴル族が勃興したことはまさに新世紀への序曲を意味するものであった。長い間離合集散をくり返していたモンゴル系の諸部族を征服したり、統合したりして、これら諸族連合の首長となったのはモンゴル族出身のテムジン（鉄木真）であった。かれはついに一一八九年にハン（君主の意）と称した。テムジンは一二〇六年にはモンゴリア高原の諸民族を征服統一して、改めて帝位についてチンギス-ハンと称した。ここにモンゴル遊牧騎馬民国家ができたのである。

チンギス-ハンはここで、対外戦争に着手し、一二〇六年から一〇年間に征服した地方と民族はシベリア南部のキルギス族、天山・吐魯番《トルファン》地方のウイグル王国、黄河上流域の西夏タングート王国（一二二七年に最終的に降伏）、華北を領有する女真《じょしん》人の金朝帝国（一二三四年に滅亡）の首都中都《ちゅうと》（今の北京）、天山西辺を占める西遼（カラ-キタイ）王国旧領などであった。このようにモンゴル高原と直接隣する周辺地域が一斉にチンギス-ハンの支配下にはいった。

❖モンゴル軍団の突進

すでに一言したように、チンギス-ハンは一二一八年に天山西部のカラ-キタイ王国の故土を併合したが、実はその西隣りには当時、ホラズム王国というトルコ系のイスラム国家が強盛を

チンギス-ハン　北京故宮蔵

誇っていた。この王国の首都はアム河口の三角州《デルタ》の南端のオアシスに位置するウルゲンチ市であった。しかし、実際はアム河、シル河の中間にあるサマルカンド市を政治・経済の中心とし、東西中継商業の利益を独占して富を集め、軍事的にも経済的にも当時の中央アジアきっての強国であった。ホラズム王は新興の隣人モンゴルに対して警戒心を抱いており、他方、チンギス-ハンは両国間の平和的通商関係を希望していたが、結局のところ、ホラズムとモンゴルとの衝突は避けられない運命にあった。したがって、一二一八年にチンギス-ハンが派遣した隊商がホラズムとの国境上のオトラール市で、ホラズムの司令官に不当にも虐殺されるという事件は、チンギス-ハンにホラズム征討の口実を与えるに十分であった。

ここに、チンギス-ハンのホラズム王国征討とこれに続く南ロシア草原への侵入、つまり、モンゴルの西征の幕が切って落とされた。チンギス-ハンは一二一九年の秋、四つの軍団よりなる一五万ないし二〇万のモンゴル騎馬軍団を親《みずか》ら統率し、オトラール市付近からホラズム王国の中心部、トランスオクシアナ（西トルキスタン）へ雪崩を打って侵入した。ハンの三人の皇子も各軍団を指揮し、まず、オトラール城を攻略して復讐を果たし、ついで、ブハーラ、サマルカンド両市を攻略した（一二二〇）。

この間、ジェベ、スブテイ両将軍の率いる一軍団はアゼルバイジャンからカフカズ地方へ進攻し、黒海の北のキプチャク草原に侵入して、キプチャク遊牧民を攻撃した。その救援にかけつけたルーシ諸公侯の連合軍を迎撃して、一二二三年五月、カルカ河畔でこれを破った。このカルカ河畔の会戦はヨーロッパとモンゴルとの最初の対戦であって、のちのモンゴルのヨーロッパ遠征のきっかけとなった。チンギス-ハンはジェベ、スブテイの率いる軍団と合流したのち、一二二五年にモンゴリアへ帰り、一二二七年に第六回の西夏遠征の陣中、陝西省において病いのため崩御した。しかし、かれの後継者であるウゲデイ、グユク、モンケ、クビライの四人の皇帝の時代にモンゴルの東西への拓疆《たくきょう》活動はさらに発展した。

一二三六年、モンゴル帝国第二代の皇帝ウゲデイの命令により、金帳《キプチャク》ハン国のバトゥ-ハンを総指揮官とするモンゴルの大軍はヴォルガ流域より、ルーシ（中世のロシア）諸公侯国へ侵入した。ついでポーランド、ハンガリー、シレジアへも侵入し（一二四一）、ハンガリー全土を兵火と殺戮《さつりく》の巷と化さしめ、さらにウィーンの近くまで迫ったが、ウゲデイ崩御（一二四一）の報に接し、一二四四年に本土へ引き揚げたため、西欧は侵略から免れたのである。

一二三六〜四二年のモンゴルの西征の結果、黒海・カスピ海の北、ヴォルガ流域の草原はバトゥ家の支配する金帳ハン国領となり、ルーシの諸公侯国はその内部的弱体のために金帳ハン

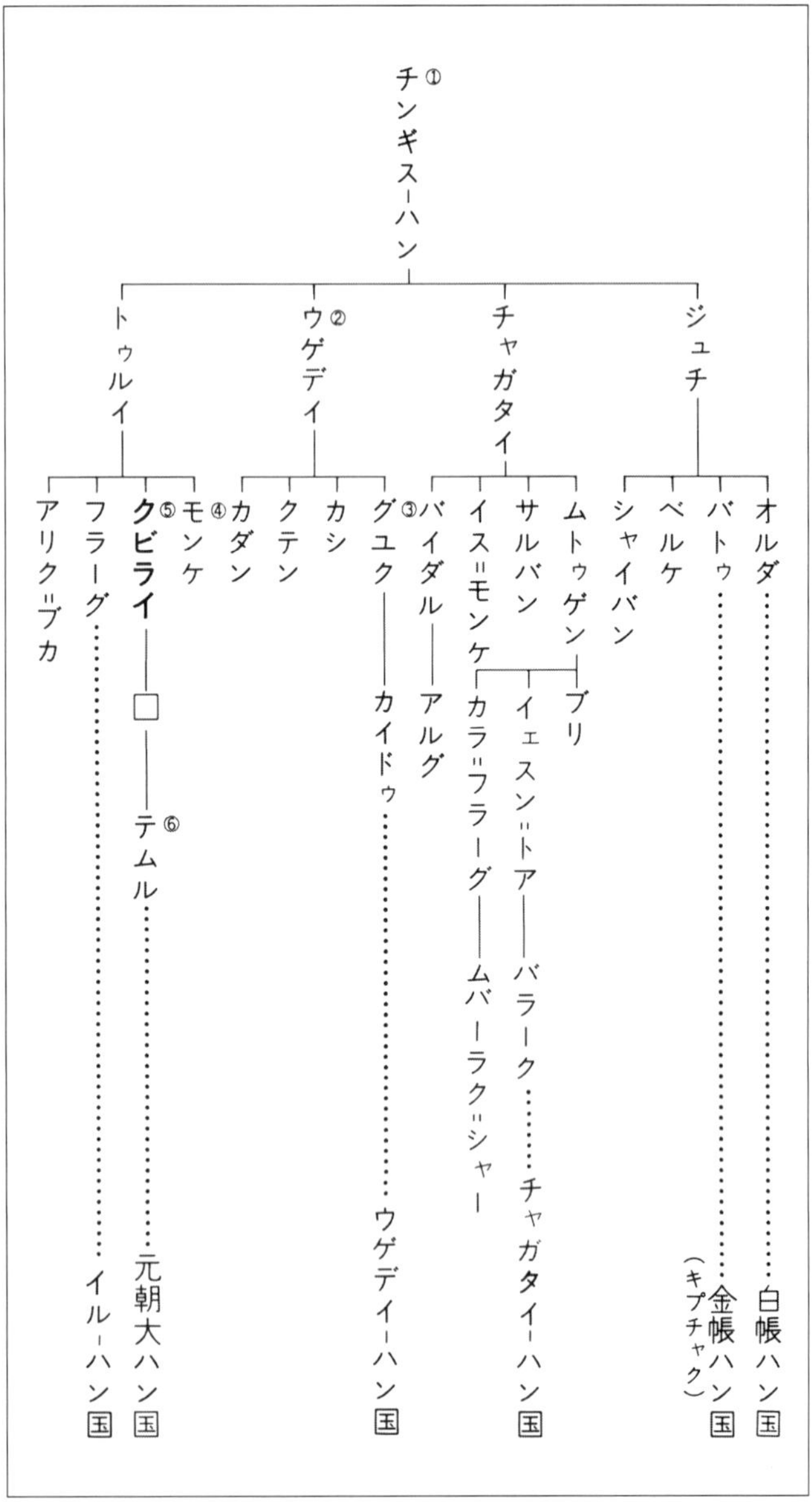
①チンギス＝ハン
トゥルイ
②ウゲデイ
チャガタイ
ジュチ
アリク＝ブカ
フラーグ
⑤クビライ
④モンケ
カダン
クテン
カシ
③グユク
バイダル
イス＝モンケ
サルバン
ムトゥゲン
シャイバン
ベルケ
バトゥ
オルダ
□
⑥テムル
カイドゥ
アルグ
カラ＝フラーグ
イェスン＝トア
ブリ
ムバーラク＝シャー
バラーク
イル＝ハン国
元朝大ハン国
ウゲデイ＝ハン国
チャガタイ＝ハン国
金帳ハン国（キプチャク）
白帳ハン国

モンゴル帝国初期系図

国の属国となり、一二四〇年代より以後二五〇年間、モンゴルの圧制と重税の桎梏《しっこく》（手かせ、くびき）の下に苦難の道を歩まされることとなった。

❖クビライ、中国皇帝に

チンギス゠ハンを継いだ皇帝ウゲデイは金朝攻撃を再開し、一二三一年には陝西全域を占領し、河南へ侵入し、金朝の首都汴京《べんけい》を包囲攻撃して、これを陥れた。一二三四年には、ついに九代・一一八年間君臨した女真帝国金朝は滅ぼされ、金帝国領はモンゴルの支配下に帰した。金朝を滅ぼしたウゲデイは一二三五年に、モンゴリア高原のオルコン河畔に壮大な宮殿を築き、その周囲に諸王侯、貴族大官の邸宅を建築し、新しい都市ができあがった。これがカラコルム（和林ともいう）城であって、モンケ゠ハンの時代（一二五九）まで、モンゴル帝国の首都となった。ここへはアジアの各地から、諸国の君主・貴族・役人・宣教師・僧侶・商人・隊商が集まって来て、一躍、草原の国際都市の観を呈するようになった。

モンゴルは金帝国を倒すために南宋と同盟を結んでいたが、南宋がその条項を守らなかったことから、両国は不和となり、結局、モンゴルは一二三五年に南宋に宣戦布告し、四川・湖広・江南へ進撃した。しかし、南宋は防戦につとめたので、モンゴル軍はモンケ゠ハンの治世（一二五一～五九）まで大きな進出を果たせなかった。そして最終的に南宋がモンゴル軍に追いつめられて、ついに滅ぼされ、中国全土がはじめてモンゴル政権の支配下にはいったのは、一二七九年、元朝のクビライ-ハンの治世のときであった。また、チンギス-ハンが征服事業の宿題として残しておいたイランは一二五八年にクビライの弟フラーグ-ハンによって征服され、イル-ハン国ができた。一二六〇年にクビライは中国の皇帝たることを宣言したのであり、したがってチンギス-ハン帝国の実質上の成立期は一二六〇年代と見てよい。

ヨーロッパの反応

❖神聖ローマ帝国と十字軍運動

モンゴルのルーシ、東欧侵入の行われた一二四〇年代にヨーロッパはどのような状態にあったのか、このことを確めておく必要がある。ヨーロッパは東欧と西欧にわけられるが、いずれもキリスト教世界であった。東欧のうち、モンゴル遠征軍に蹂躙《じゅうりん》され、ついで金帳ハン国に臣従したルーシ諸公侯国の主なものはウラディーミル、リヤザン、スモレンスク、チェルニゴフ、ペレヤスラヴリ、キエフ、ガリチなどであった。また、モンゴルの嵐に吹き荒らされた東欧諸国のポーランド王国、ハンガリー王国、セルビア王国は幸いにもモンゴルの支配下にははいらずにすんだ。

ポーランド、ハンガリーの西隣りが西欧であり、そのなかの大国が神聖ローマ帝国であった。言うまでもなく、神聖ローマ帝国は一〇世紀に始まるドイツ帝国であって、キリスト教会支配を国是とし、ローマ教皇としばしば争いがあったことは有名である。一二世紀後半にはホーエンシュタウフェン朝（一一三八〜一二五四）の神聖ローマ皇帝フリードリッヒ二世（在位一二一二〜五〇）の治世はまさにモンゴル帝国が勃興の勢いにあったときであった。この時期の神聖ローマ帝国は、西にフランス王国、北にデンマーク王国が控えた、北海からイタリア北部にいたる中央ヨーロッパを帝国領としていた。フリードリッヒ二世は南イタリアのシチリア王国にも君臨していたが、モンゴルのハンガリー侵入当時、ローマ教皇グレゴリウス九世と反目しあっていた。西欧では神聖ローマ帝国の他にフランス王国、イングランド王国がしだいに成熟し、イベリア半島にはポルトガル、カスティラ、アラゴンの三つの王国があって、長年にわたるイスラム勢力の支配を駆逐しつつあった。しかし、ヨーロッパと西アジアとの関係という点に関しては十字軍運動の世界史的意義の方がはるかに大きい。

十字軍運動とは一一世紀末から一三世紀末にかけて西欧のキリスト教徒が聖地イェルサレムの奪還を目ざして行った一連の軍事的遠征であることは周知の事実である。約八回行われた十字軍運動のなかで、モンゴル帝国勃興期と同時代のものとしては第三回十字軍（一一八九〜九二）があり、第五回十字軍（一二一七〜二一）はチンギス-ハンの西征とほぼ同時代であり、第七回（一二四八〜五四）、第八回（一二七〇）はフラーグ-ハンがイル-ハン国を建てた時期に当たる。さらに西欧側とモンゴルとが共同の十字軍を編成してシリア・パレスティナのイスラム勢力を挾み撃ちにしようという企てもなされた。このいわゆる「モンゴル十字軍」もマルコ＝ポーロを理解するために一要件として忘れてはならない。

❖タルタロスの恐怖

すでに述べたように、モンゴル軍は一二四一年にドイツの辺境とハンガリーに迫り、とくにリグニツァにおける西欧連合軍の敗戦の報は神聖ローマ帝国内に恐怖をひろめ、ローマ教皇庁も最大の不安感をもって事態の成り行きを凝視した。人々はこの東方の蛮族がキリスト教徒を全滅させるために狂奔《きょうほん》しているものと信じた。ヨーロッパ人はこの東方の蛮族をタルタロスとかタルタルと呼んだが、この語は「地獄から来た者」という意のラテン語で、しかもモンゴルの一種族、韃靼《だったん》（タタール）という名称とよく似ていたので、中世のヨーロッパ人はモンゴル族をタルタル（またはタタール）と呼ぶようになった。中世フランスの年代記作者マッシュー＝パリスの『大年代記』によると

人間の歓楽を長つづきさせず、この世の幸福が嘆きなくしては永続させないようにするため、この年（一二四〇）、厭《いと》うべき悪魔《サタン》の民、すなわちタルタル人の無数の兵は、山岳に囲まれたその故郷より放たれ、堅い岩を粉砕して、タルタロスの国より悪魔のように襲来した。それゆえ、彼らはまさしくタルタル人と呼ばれる。地上に群がるイナゴのように群

がって、ヨーロッパの東部を恐るべくも破壊し、火と殺戮をもってこれを荒廃させた。……かれらは疾風迅雷《しっぷうじんらい》の勢いでキリスト教国の境域に来て、劫掠《ごうりゃく》、殺戮し、あらゆる人をたとえようのない恐怖と戦慄《せんりつ》におとしいれた。……

と述べている。神聖ローマ皇帝フリードリッヒ二世は一二四一年にイギリス王ヘンリー三世（在位一二一六〜七二）に書簡を送って

もし、タルタル人がドイツに侵入するにさいして、これを阻止するにたる障壁に遭遇しないとすれば、他の諸国もまもなくして暴風の襲来に脅かされることになるであろう。……殿下よ、先見の明を発揮し、共通の敵が隣国においてその猛威をふるっている間に、これに対抗する策を講ぜられんことを。何となれば、これらの民族は、西方全土を征服し、キリスト教の信仰と名誉を根絶する意図をもってその本国を出発したからである（ドーソン『モンゴル帝国史』）。

と言い、タルタルの恐怖について力説している。しかし、当のフリードリッヒ二世はこのとき、イタリアの支配権をめぐってローマ教皇グレゴリウス九世と抗争し、憎しみ合っていて、ハンガリー国王ベーラ四世からの救援の懇請に対しては、言を左右にして実行しようとしなかった。

幸いにもモンゴルの西欧再侵入はおこらなかった。その間、ローマ教皇の座についたインノセント四世（在位一二四三〜五四）は積極的に対モンゴル外交を行ってモンゴルの再侵入に備

える策をとりはじめた。モンゴル帝国に対して西欧を代表したのはローマ教皇庁であり、その世界史的役割は神聖ローマ皇帝の比ではなかった。

❖幻のキリスト教王国

モンゴルの東欧侵入の一世紀ほど以前、つまり一二世紀のなかごろから、西欧では東方の、アジアの中央部にひとりのキリスト教司祭が王国を支配しているという伝説が流れていた。つまり、こういう話であった。ドイツの年代記作者フライジングのオットー（一一八五年没）が、イタリアで偶然に出会ったシリアの主教から、つぎのような話を聞いた。すなわち、「一一四五年に、遠い東方諸国からプレスビテル＝イオアン王（キリスト教司祭ジョンという意）がイスラム遠征をなしとげて、エクバタナ（ハマダーン市）まで到着したが、ティグリス河まで来て、渡ることを阻止されて帰国した」というのである。このほかにも、アジアにキリスト教徒がいるという伝えが広まっていたが、とくにこのプレスビテル＝イオアン、英語式で読めばプレスター＝ジョンに関する噂が有名になった。火の無いところに煙は立たないという話の通り、この伝説には何らかの根拠、裏づけらしいものがあったようで、プレスター＝ジョンがだれに当たるかがキリスト教徒の関心の的となったのは当然であろう。

実は一二、三世紀の中央アジア・モンゴリア・中国にはネストリウス－キリスト教徒がかなり分布していたのであって、とくにモンゴリア高原の乃蛮《ナイマン》王国、克烈《ケレイト》王国、畏吾児《ウイグル》王国にはネストリウス教徒が多く、ケレイト王国では国王一族がその教徒であった。ネストリウス教はカトリック教会からは異端視されてはいたが、やはり当時のヨーロッパ人の関心をひいたに違いない。

もし、キリスト教徒がティグリス河まで遠征したということになれば、それは西遼（カラ-キタイ王国）が一一四一年に天山西辺に出現し、その国王がサマルカンド地方へ遠征してセルジューク朝のスルターン-サンジャルを破ったという事件を指したものだという説がある。この遠征がシリア、パレスティナへも達し、このことが西欧へ伝えられたという考えである。つまり、西遼の王が司祭ジョンというネストリウス司祭にすりかわったわけで、かくて西欧人にとって司祭ジョンは東方キリスト教国王の理想上の人名となったのである。しかし、よく考えると、年代記作者フライジングのオットーに情報を提供した例のシリアの主教は恐らく西遼の東隣りであるケレイト王国のことを指した可能性があり、ケレイト国王トオリルの王号「ワン-ハン」または「オング-ハン（王罕）」がイオアンとして伝わったとも推定できるのである。さらに、一二〇三年にケレイト王国を滅ぼした当のチンギス-ハンもプレスター＝ジョンと見なされたくらいである。

すでに一一、二世紀に十字軍がシリア、パレスティナを占領したさいに、ローマ教会に属する各派修道会の修道士たちはネストリウス教徒に関する情報を集めてローマ教皇に送っており、そのような環境でローマ教皇はプレスター＝ジョン伝説にも関心を抱いていたのであって、その矢先にモンゴルの東欧侵入の報に接して驚いたのである。したがってローマ教皇はプレスター＝ジョンやモンゴルについて新たな関心を抱きはじめたわけである。

もうひとつ、ダヴィド王伝説というのがある。これは一三世紀のモンゴルの中央アジア侵入時代に、あるネストリウス教徒によって作られたといわれているが、チンギス＝ハンをダヴィド王と見なす物語である。これによると、キリスト教徒ヨハン王の子イスラエルの子のダヴィドは六人兄弟のなかの末弟であったが、ダヴィドはその後、国王（カラ＝キタイ国王らしい）に推され、中央アジアに侵入し、ホラズム王国を滅ぼしたという筋である。つまり、アジアのネストリウス教徒は、キリスト教徒であるタルタリー国王ダヴィド（チンギス＝ハンを指す）がシリアとエジプトのトルコ人に対抗してキリスト教徒を援助しようとしていると宣伝したのである。このダヴィド物語はローマ教皇の耳にも達し、教皇はイェルサレムに新たな援軍を出そうと考えた。ところが、このキリスト教徒であるはずのモンゴル軍がグルジア王国や西欧に侵入したことに西欧のキリスト教徒はとまどったのである。しかし、これがきっかけでローマ教皇はモンゴルに対する情報収集に着手したのである。プレスター＝ジョン説話といい、ダヴィド王説話といい、モンゴルの侵入といい、これらのことはローマ教皇庁の眼をはるか東方の、アジア奥地のモンゴル人へ向けさせることになった。この舞台の上に、マルコ＝ポーロもローマ教皇庁と関係しながらいずれ参加することになる。

❖ヴェネツィア「帝国主義」

一三世紀の初頭、ビザンティン帝国は西欧から派遣されてきた第四回十字軍士の侵略によって危機に陥った。第一回十字軍運動以来、西欧の十字軍士とビザンティン帝国との間に衝突があったが、第四回十字軍ははじめからビザンティン侵略を目ざしていた。第四回十字軍はイェルサレム奪還のためにローマ教皇インノセント三世が提唱したもので、その十字軍が他ならぬヴェネツィア市で召集されたのは一二〇二年の秋であった。かれらは渡航費用を賄《まかな》うため、ヴェネツィア貴族の要望によってハンガリー王国領のダルマティアのザラ市を攻めた。ついで、ビザンティン皇室の内紛に乗じてコンスタンティノープルを包囲し、一二〇四年四月にこの都市を陥れ、これを占領したのみか、破壊と掠奪の限りを尽くした。十字軍の名に恥じる不道徳な行動であった。十字軍士はフランドル伯ボードゥアン九世を帝位につけた。これがいわゆるラテン帝国であって、これはチンギス＝ハンの第二次即位（一二〇六）の二年前のことであった。この第四回十字軍は東地中海・黒海での覇権を渇望していたヴェネツィア貴族、大商人がはじめからあと押ししていて、いわばヴェネツィア「帝国主義」の対外侵略活動そのもののであった。他方、ビザンティン帝国の皇族テオドロス=ラスカリスは小アジアに逃れ、ニケアを都とする帝国、いわゆるニケア帝国を建てラテン帝国に対抗した。

さて、ヴェネツィアの貴族たちは自国の利益を拡大するために第四回十字軍を仕組み、目的を達したのであるが、かれらは実際に一二〇四年からエウボイア島（アテネの北にある）を領土とし、ついで、ナクソス島、クレタ島などを占有し、ビザンティン領海上に植民地帝国を建て、コンスタンティノープルと海峡地帯の海上権と通商権を独占するにいたった。コンスタンティノープル駐在のヴェネツィア市長はラテン帝国の第二位の重要な地位を占めていた。ジェノヴァやピサの商人が高額の関税を支払わねばならなかったのに対し、ヴェネツィアの貿易商人は関税免除の特権を得ていたので、ラテン帝国におけるヴェネツィアの貿易は圧倒的に優勢であった。ラテン帝国の命運の続いた一二〇四〜六一年の期間、ヴェネツィア貿易はジェノヴァに対して圧倒的優位にあったのである。

❖十字軍運動の転換

十字軍運動はがんらい、六三七年以来イスラムによって占領されていたイェルサレム奪還を目標とし、数回にわたってシリア地方へ遠征軍を送ったのであるが、その結果、シリア地方にいくつかの植民地を確保した。これがイェルサレム王国、エデッサ伯領、アンティオキア侯領、トリポリ伯領などであった。しかし、イスラム勢力の反攻を受けて、いくたびか争奪戦が演じられた。第一回十字軍の成功はイスラム勢力の分裂、すなわち小アジア・シリアのセルジューク朝の内紛状態に加えて、かれらとエジプトのファーティマ朝との政治的対立が大きな原因となっていた。しかし、ファーティマ朝のなかからアイユーブ朝（一一六九〜一二五〇）を建てた英主サラディンが現れ、一一八七年にイェルサレムを奪回して十字軍勢力に致命的な打撃を与えた。一二〇四年のラテン帝国成立ののち、西欧側はアイユーブ朝の中心部エジプトを占領するために第五回十字軍を送って、海港都市ダミエッタ占領に成功したが（一二二一九）、まもなくエジプト軍の反攻によって全員降伏した。この時期はあたかもチンギス-ハンがホラズム王国を征討していたころに当たる。

一三世紀の前半期に第五、第六、第七回の十字軍がシリア海岸やエジプトへ送られたが、十字軍運動はイスラム勢力の反撃によって成果を収めえず、一二四四年にはイェルサレムをイスラム側に占領され、十字軍の最後の拠点はシリア海岸の要塞都市アッコだけになってしまった。

さて、アイユーブ朝ではサラディンの死後、その一族はエジプト、ダマスクス、アレッポ、ハマー諸地方に割拠したが、エジプトに拠った第七代スルターン-サーリフ（在位一二四〇〜四九）の死後、マムルーク（奴隷出身の軍人）の一首領アイベクが自ら王位について、一二五〇年にいわゆるマムルーク王朝を開いた。スルターン-サーリフが養成したマムルーク軍人たちはバフリーヤ＝マムルークと呼ばれ、きわめて精鋭有能な軍団をなし、十字軍のエジプト侵攻のさいにフランス軍を撃破し、十字軍の野望を砕いてエジプトを救った。首都をカイロに置くバフリーヤ＝マムルーク朝はシリアに残存する十字軍勢力をやがて駆逐するが（一二九一年、アッコ陥落）、しかし一二五〇〜六〇年代に計らずも東方より進出してきたモンゴル勢力、つまり、イル＝ハン国を建てたフラーグ＝ハンとその後裔の侵入に直面しなければならなかった。この形勢を見た十字軍勢力すなわちローマ教皇やフランス国王はモンゴルと結んで共通の敵、マムルーク朝を攻撃しようとする戦略を立てるが、いずれ登場するニコロ＝ポーロとマルコ＝ポーロもこのモンゴル・西欧同盟計画という新しい国際関係とは無縁ではなかった。折しも、マルコ＝ポーロは一二五四年に生まれたのである。

Ⅱ

東方旅行

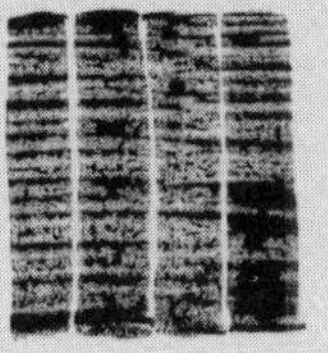

マルコ＝ポーロの先輩たち

❖修道士たちの役割

キリスト教世界を防衛するため、まず、モンゴルについての情報を集め、さらにかれらを改宗させようという壮大な計画をたてたローマ教皇インノセント四世は一二四五年にリヨンで公会議を開いて、この使命を託するにたる使節を選ぶ段取りとなった。この大任を果たすために選ばれたのは実はドミニコ修道会とフランシスコ修道会所属の修道士たちであった。いったい、修道士たちはそんな危険な探検や外交やあるいは密偵のような仕事を遂行する能力があったのであろうか。修道会は清貧・貞潔・服従の誓いを立てて修道院で共同生活を営み、キリスト教の徳目を実現しようとする男女キリスト教徒がローマ教会から承認を受けて作った会であって、その会員は修道士・修道女と呼ばれた。修道会には「祈り、かつ、働く」ことによって神との交流を強め、徳の完成にいそしむものと、社会事業を通じて愛の実践につとめるものとがあったが、一三世紀になると、ローマ教皇は反抗する国王たちと対決したり、また、ローマ教会の膨大な機構を効率的に運営するために、特定の修道会を育成して、そのような任務を負わせるようになった。

フランシスコ修道会は一二〇九年にアッシジのフランチェスコによって創設され、一二二三年に新しく「小さき兄弟修道会」として再発足しており、ドミニコ修道会はスペイン、カスティリア出身のドミニコが一二一六年に創設したもので、「説教者修道会」とも呼ばれていた。この二つの修道会は教皇に完全に従属しており、異端と戦い、不信者の国土にキリスト教を普及させる権限を与えられていた。したがって、教皇インノセント四世がモンゴルへの使節を募ったとき、両修道会の修道士たちは先を争って名乗り出たのである。この結果、選抜されたのがドミニコ修道会士ロンバルディのアンセルム、サンカンタンのシモンら四人、フランシスコ修道会士ベネディクト、ローレンス、プラノ＝カルピニのジョンら三人で、それぞれ、指定されたモンゴルの支配者たちのところへ赴くことになった。これら東方派遣の修道士たちのなかでモンゴルの皇帝（大ハンという）の宮殿へはるばる旅したのがプラノ＝カルピニのジョン修道士（通称プラノ＝カルピニと言う）である。

❖カルピニの報告書

プラノ＝カルピニはイタリアのペルージアに生まれ、聖フランシスコの門人となった、この修道会きっての高僧であった。かれは教皇インノセント四世の命令を受け、二人の修道士を伴い、一二四五年にリヨンを出発した。その行先ははるか東方、未知の世界、モンゴリア高原のなかのモンゴル帝国の首都カラコルムである。かれはポーランドを経由し、ルーシのガリチ公国、キエフに立ち寄って、ヴォルガ河畔にあった金帳ハン国のバトゥの宮廷へ到着してバトゥに謁見し、キリスト教義を説く国書を捧呈した。バトゥの指示によって、モンゴル帝国の首都カラコルムへ向かって出発し、一二四六年七月二二日に到着した。ちょうど、新しい皇帝グユクの即位式の直前のことであったが（同年八月即位）、カルピニらはグユクに謁見したのち、そこにしばらく滞在し、同年一一月に、ローマ教皇にあてたグユクの返書を受けとって帰国の途についた。この勅書のペルシア語訳文が一九二〇年にヴァティカン古文書館から発見された。この勅書では「長世《とこよ》の天の力によりて、大なるすべての民の海のハンの勅。これは大教皇が知るために、理解せんがためにと、大教皇に送られる勅なり」という冒頭の一文に始まって、ローマ教皇に対して、モンゴルに服従するよう威圧的口調で説いている。偶然、発見されたこの文書はまことに、史上稀有《けう》の貴重な史料として絶大な価値を持っている。カルピニは結局、バトゥの宮廷へ立ち寄ったのち、一二四七年の秋にリヨンに帰った。帰途、ルーシ地方で書いた『われわれがタルタル人と呼ぶモンガル人の歴史』はかれの報告書であり、旅行記でもあるが、別の面ではカルピニが高級間諜としてモンゴル帝国についての生《なま》の情報を集めたものとして、ローマ教皇庁に多大の新知識をもたらしたと言えよう。

❖先駆者ルブルク

プラノ゠カルピニのモンゴル皇帝訪問の旅と並行して、ドミニコ修道会のシモン修道士ら四名は一二四七年に、アルメニアに駐屯していたモンゴルの将軍の幕営へ赴いて、ヨーロッパへ侵入しないよう要求した書簡を手渡し、この将軍に面会を求めたが、これら修道士の言行が無礼であるとされたため、意見が衝突し、結局、モンゴルに服従せざる者は絶滅さるべしという内容の返書を渡されて追い返された。

これに対し、フランシスコ修道会のルブルクのウィリアム修道士（以下、ルブルクとしるす）はカルピニに続いてモンゴルの皇帝と接触することに成功した。ルブルクはフランドル出身で、フランスの聖王ルイとともに第七回十字軍（一二四八）に随行してキプロス島に滞在していたが、金帳ハン国の皇子で、キリスト教徒に好意を持っているという噂のあったサルタクを訪問して、キリスト教伝道の手がかりを得ようと考えた。聖王ルイと教皇インノセント四世の書簡を携えて、金帳ハン国へ赴いたのが、事のはじまりであった。一二五三年、ルブルクは二人の従者をつれ、コンスタンティノープルから黒海を船で渡ってクリミア半島に上陸し、キプチャク草原にあるサルタクの幕営地に着いたが、サルタクの部下にネストリウス教徒や司祭がいることにすぐ気づいた。サルタクはルブルクらをヴォルガ河畔のサライ市にあるバトゥの宮殿へ送り届けたが、この地に滞在するには皇帝モンケの許可が必要だと言われて、ルブルクは寒い冬に中央アジア北方草原を東へと苦しい旅をして、同年一二月二七日にカラコルム市へ着いた。

翌一二五四年一月四日、ルブルクと一行は皇帝モンケに拝謁することができ、モンゴルの領土に滞在してキリスト教を布教したいと懇願したが、はっきりした返事がもらえず、冬の二か月間ばかり、カラコルム地方に滞在することになった。ルブルクはカラコルム城と城内の宮殿を参観するとともに、モンケの宮廷にネストリウス教の礼拝堂があって、その司祭が幅を利かしていることを知ったが、ネストリウス教司祭に対してはやや反感を抱いた。モンケはどうやらルブルクをフランス国王からの降伏と臣従を申し入れに来た使節と見なし、フランス国王に対する返書を託して、一二五四年七月にルブルクを帰国させた。この国書は聖王ルイとフランス国民に対し、モンゴルへ臣従するよう強く要求したものであった。ルブルクは帰途、バトゥの宮廷に立ち寄り、カフカズ・小アジアを経て一二五五年八月にイェルサレムのトリポリ市に着き、モンゴル皇帝への訪問旅行を終えた。ルブルクは直ちに、聖王ルイへの復命書とも言うべき『フランシスコ修道会の、ルブルクのウィリアム修道士の旅行』という記録を作成した。これがいわゆる『ルブルクの旅行記』で、旅行中の見聞を詳しく、しかも鋭利な観察力で書いたもので、一三世紀中期までのモンゴル帝国の事情を知るための貴重な文献であり、まさに、マルコ゠ポーロの先駆者ともいうべき内容を持っている。

❖「タタールの平和」とフラーグ

西欧の学者の間で「タタールの平和」（原語はパークス－タタリカ）という語が用いられている。これは「ローマの平和」（原語はパークス－ローマーナ）という言葉から来たものにちがいない。「タタールの平和」というのは私の解釈では、タタール人（モンゴル族の別称）の軍事力、強権によって作り出され、被征服民族に強制的に押しつけられた平和というほどの意味である。モンゴル騎馬兵団がふみにじり、武力で平定し、駐屯兵と警備隊をおき、大ハンの法令のおよんだ諸国が「タタールの平和」のなかに組み込まれたといってよかろう。「タタールの平和」はチンギス－ハンの時代にはなお、その範囲は狭かったし、グユク・モンケ両皇帝の時代によ うやくヴォルガ流域の地方まで拡大した。東アジアでは中国の南半部は南宋朝の抵抗によって「タタールの平和」へはなおはいっていなかった。しかし、一二五八年にフラーグが西アジアを征服して、この地にモンゴル王国を建てた前後には、「タタールの平和」圏が一応、完成したといってよい。ここで、フラーグの西征について一言しておこう。

皇帝モンケは即位と同時に弟クビライを中国南宋征服の総指揮官とし、もう一人の弟フラーグを西アジア征服のため派遣した。フラーグは一二五三年にイラン遠征の途につき、一二五六年に、イスラムの異端者、暗殺者集団として有名であったイスマーイール教主国を攻撃し、かれらの本拠地、イランのアラムート山塞を陥れ、この暗殺者教国を絶滅させ、ついでバグダード市を攻略して、アッバース朝カリフ政権を滅ぼして、西アジア・イスラム世界に大きな衝撃を与えた。フラーグはアゼルバイジャンにその本営を設け、ウルミア湖西のマラーガ、タブリーズ市を首都とし、メソポタミア、イラン本土、小アジアを支配下に入れ、モンゴル王国の樹立をはかった。この地方の住民の大半を占めるイスラム教徒が新しい支配者モンゴルの政策に不安感を抱いた反面、ながらくイスラム政権の下で不当な待遇を受けて来た東方派キリスト教徒はモンゴルの反イスラム政策を天佑神助《てんゆうしんじょ》として歓迎した。とくにフラーグの軍隊のなかにネストリウス教徒がいたこと、フラーグの妃ドクズがネストリウス教の熱心な信者であることを知って、キリスト教会の高位の聖職者（総大主教《パトリアルフ》）たちは競ってフラーグの宮廷に参じて、臣従と協力を誓い、フラーグの保護を求めた。このようにして、モンゴル宮廷と東方キリスト教徒との間に友好、協力の関係が始まった。

また、フラーグはバグダード攻略と同時に、シリアとエジプトに強力なイスラム国家を建てていたマムルーク朝攻撃に着手し、シリア海岸の十字軍国家、とくにイェルサレム王国と連合して軍を派遣した。一二五九〜六〇年にアレッポ・ダマスクスなどを占領し、この地方のキリスト教徒に歓迎された。しかし、マムルーク朝のスルターン＝クトゥズは必死に反攻し、一二六〇年、アイン＝ジャールート（アッコ市の南）においてモンゴル軍を破り、その将軍でネストリウス教徒のケド＝ブカを捕えて殺した。イスラム国家の国運をかけたこの一戦によってマムルーク朝は安泰となり、モンゴルは再びシリアを占領できなかった。その後、フラーグの後裔は一四世紀の初頭にいたるまで、幾度もマムルーク朝侵略を計り、このために西欧と連繋して、マムルーク朝挟撃のいわゆるモンゴル十字軍の実現につとめたが、結局は成功しなかった。しかし、このモンゴル十字軍計画に関連して、西欧とくにローマ教皇がイル＝ハン国を通じて、東方世界とくに元朝への伝道事業に関心を強め、宣教師を派遣してカトリック布教に並々ならぬ熱意を示したという事実が重要視されるのである。他ならぬマルコ＝ポーロも実はローマ教皇と元朝クビライとの接触という新しい事態に実質的な関係を持っていたことをここで指摘しておきたい。

❖ジャムチとパイザに守られて

「タタールの平和」はアジア大陸における東西交通路網によって裏づけられていた。すでに、道教全真《ぜんしん》教団の祖師長春真人は当時、西征中のチンギス-ハンに招かれて、一二二〇～二四年に燕京《えんきょう》（北京）とアフガニスタンのカーブル地方とを結ぶシルク-ロードを無事往復できた。また、上述したように、カルピニ・ルブルクの両修道士は黒海－カラコルム間あるいは西アジア－カラコルム間の草原ルートの往復旅行をつつがなくなしとげ、小アルメニア国王ヘトゥム一世も中央アジアのオアシス・草原路を利用して、西アジア－カラコルム間を旅した。モンゴル帝国の支配者たちは軍事・行政の命令を速やかに伝達したり、東西間の貿易を安全にしたり、

モンゴル帝国の金牌
（黄金のパイザ。8.1×25.7cm、348g）

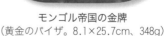

外国の使臣を保護するため、ジャムチ（站赤）という駅伝制を整備した。また、旅行の安全、便宜を保証するため、重要な官吏や外国の使者に対し、金・銀で造った牌子《はいし》（パイザ）という長方形または円形の札を下付して、その特権の証拠として使者の身に帯びさせた。したがってモンゴル帝国内の旅行の安全は保証されていたのである。

一二六〇年代の主な東西交通路の二、三の例をあげてみよう。まず、一つは、シリア海岸から小アジア東部を経てイランのタブリーズ市に達し、ここからイランを横切って中央アジアのサマルカンド市を経て天山山中のアルマリク市、ビシバリク市に達し、ここからカラコルム城または甘粛《かんしゅく》へ赴く道でオアシス経由のシルク・ロードであり、場合によってはターリム盆地の南部を経由する道も利用された。もう一つはビザンティン帝国の首都コンスタンティノープルを出発点として黒海を渡り、クリミア、ヴォルガ下流域、カスピ海、アラル海北岸の草原を経て、バルハシ湖の北または南を経由してカラコルム南方を通ってハンバリク市（北京）へ達するいわゆる「草原のシルク・ロード」である。やがて登場するポーロ一家が西洋人であったにもかかわらず、安全に元朝へ到着したのもこのような「タタールの平和」あってのことだった。

父ニコロの東方行

❖ポーロ兄弟の不可解な行動

マルコ＝ポーロとその『世界の叙述』は、もし、マルコの父ニコロ、叔父マッフェオとが「タタールの平和」の舞台に登場することがなかったなら、その歴史的存在は恐らくあり得なかったであろう。マルコを語る前にかれの父と叔父すなわち「ポーロ兄弟」の行動とその歴史的意義を語らねばならぬゆえんである。本著の序章以来、やや詳しく述べてきたことはポーロ兄弟の登場を可能にしたモンゴル帝国、「タタールの平和」の形成過程とその機能とについてであった。

ポーロ兄弟とマルコとによる東方旅行の発端と終末とは『世界の叙述』の「序章」のなかで語り尽くされているので、以下しばらく、その文脈をたどり、補足的な解釈を加えてみたい。

さて、すべての物語の発端はマルコの父ニコロ＝ポーロとニコロの弟マッフェオの二人がかれらの郷里のヴェネツィア市から商品を携えて一二六〇年にコンスタンティノープルへ到着したという時点から始まる。かれらはヴェネツィア都市共和国の市民であり、貿易商人であった。すでに述べたように（I章の「ヨーロッパの反応」）、一二〇四年のラテン帝国の出現はヴェネツィアの策略と覇権《はけん》主義の所産であって、以後、ヴェネツィアはコンスタンティノープルに根拠をおいて、ギリシア領海を中心に通商覇権を握り、競争相手のジェノヴァ・ピサ商人を抑圧していたのである。しかしポーロ兄弟がコンスタンティノープルに到着した翌一二六一年にはジェノヴァ人はニケアの皇帝と手を結び、コンスタンティノープルを奪還し、奇蹟的なビザンティン帝国の復興をなしとげ、しかもヴェネツィア人が独占していた通商特権を奪い返したのである。以後、黒海・小アジア・イランにジェノヴァ商人の大活躍が展開されていくのである。

ポーロ兄弟がヴェネツィアの通商根拠地ともいうべきコンスタンティノープルに来たのはその覇権顛覆《てんぷく》の一年前であったことになる。が、かれらはそのような事態に遭遇する直前に、さらに莫大な商利を目ざし、多量の宝石類を仕入れて黒海に船出して対岸のクリミア半島へ向かったという。クリミア半島に上陸したポーロ兄弟はヴォルガ河畔のサライ市に首都のあった金帳ハン国のベルケ＝ハン（在位一二五七～六六）の宮廷へ到着した。ポーロ兄弟は宝石を献上し、ベルケからその価格の倍額もの賜り物をもらった。これは外国商人がアジアの皇帝・君主と貿易をする際の伝統的なやり方である。ポーロ兄弟は金帳ハン国内に一年ほど滞在していた

デルベンド要塞

というが、その理由は明らかではない。ところが、ベルケ‐ハンとイル‐ハン国のフラーグ‐ハンとの間にアゼルバイジャン地方の領有をめぐって戦争がおこり、道路が部分的に危険になった。そこで、東方に道をとることとし、まず、北方のブルガル市へ赴き、今度は南下してウケク市を経てヴォルガ河を渡って、カスピ・アラル両海の間の大砂漠を南下して、中央アジアの大都市ブハーラに到着した。ポーロ兄弟が東方へ道をとって帰国の途についた事情は『世界の叙述』の記事からはよく分からない。何か隠された事情があったのではなかろうか。

さらに、東方への出発に先立ってポーロ兄弟は「引き返してコンスタンティノープルに帰ろうとしても、商品を全うすることはできない」と弁明している。二人はあるいはコンスタンティノープルへ帰りたかったのかもしれないが、実は一二六一年にラテン帝国が滅亡し、ジェノヴァ人が後押しをしたビザンティン帝国が復興し、黒海・海峡地区の通商覇権はジェノヴァ人の手に落ちていた。そこでヴェネツィア商人たるポーロ兄弟は不利な関税を課される恐れや圧迫を受ける心配のあるコンスタンティノープルへ帰る気になれなかったのであろう。かれらがブハーラ市に到着したのは一二六一～六二年のことであったと推定される。

ブハーラ市は当時、チャガタイ=ハン家のバラーク=ハンの統治下にあったが、旅を続けるにも、引き返すにも危険な状態にあったので、二人はこの地で三か年、逗留《とうりゅう》せざるを得なくなったという。当時のチャガタイ=ハン家ではムバーラク=シャーとバラークとが王位を争っていたが、ある史料によると、一二六四年の一一月にバラークが王位についたという。ポーロ兄弟のブハーラ滞在中にバラークが権力を握ったというのは事実であろう。それにしても、ブハーラ市からイランを経由して帰郷できなかったほどの戦乱状態が長く続いたとは信じられない。私にはポーロ兄弟が何らかの目的でブハーラ市に故意に滞在していたのではないかと思われる。

❖元朝への勧誘

ところで、ポーロ兄弟がブハーラ市に滞在していたときに、イル=ハン国のフラーグが元朝のクビライ=ハンのところへ派遣した使臣がたまたまブハーラ市に来て、ポーロ兄弟に出会ったという。この使者はこの地で偶然にも西洋人に出会ったことに驚いて、自分に協力してくれるなら莫大な利益と栄誉とが授けられるだろうと、ポーロ兄弟に申し出たのである。つまり、この使臣はクビライが西洋人に会うことを希望しているから、もし、随行して、クビライの宮廷まで来てくれるならば賓客《ひんきゃく》として厚遇することを保証すると、ポーロ兄弟を勧誘したのである。そこで、ポーロ兄弟は大いに喜んで、この申し出を受け、使臣に同行してブハーラ市を出発して、東北方に一か年の旅行をしてクビライの支配する元朝の領土へ赴いたと『世界の叙述』は語っている。風来坊のような二人のヴェネツィア人が中央アジアのブハーラ市で三年間も長逗留していて、イル・ハン国の使者と偶然に会うというのはあり得ないことではないが、あまりにも話がうますぎはしないであろうか。ポーロ兄弟は何か隠しているのではないか。臆《おく》測《そく》をめぐらせば、ポーロ兄弟は最初からモンゴル帝国の西北の支配者たる金帳ハンに接触するため、コンスタンティノープルへ行き、ここから黒海を渡って金帳ハンの宮廷に行き、商人としてではなく臣下として宝石を献上した。さらに元朝大ハンに接触する目的で、中央アジアのブハーラ市へ赴き、元朝を訪問する機会を得るため、三年間も待機していたように思われる。ポーロ兄弟はヴェネツィア商業の発展のため、「タタールの平和」の最高権力者である元朝の大ハンとの直接交渉の機会を探していたか、あるいはあとでわかるように、ローマ教皇から何らかの使命を託されていたのではないか。そして、幸いにも探しあてたのがフラーグの使臣一行であったのである。したがってポーロ兄弟はなんらためらうことなく未知の元朝への旅へと出発したわけである。ところで、このフラーグの使臣というのは一二六四～六五年ごろに元朝に赴いて、そのまま、クビライの大臣となったバヤンであるという説がある（愛宕松男氏の説）。それはともかく、このイル・ハンの使臣は恐らくポーロ兄弟からの連絡で会見し、かれらがクビライにとって重要な人物であると知って、元朝へ同行するよう勧誘したにちがいない。ポーロ兄弟一行は恐らく一二六四年から翌六五年にかけて約一か年という旅程で元朝へ到着したと見てよい。しかし、この間の『世界の叙述』「序章」の記事はきわめて客観的に書かれていて、ニコロもマッフェオも、その人物の横顔すら窺《うかが》うことはできないし、また、かれらが少なくとも大商人であるというような姿も分析することができないのである。

❖クビライとポーロ兄弟

ポーロ兄弟はクビライ＝ハンに謁見を許されたが、かれらは特に献上品も奉らず、また商売の話も出なかった。クビライの両人に対する下問はこれすべて西欧キリスト教国に関する政治事情に集中していた。クビライの関心ははるか地中海世界、神聖ローマ帝国とローマ教皇に鋭くそそがれていた。すなわち、クビライはキリスト教国の皇帝たち、国王・諸侯・諸領主のことや、かれらの政治・軍事の様子について、ついでローマ教皇、教会、ラテン人（西洋人のこと）の風習について質問し、これに対してニコロとマッフェオの両人はトルコ語・タタール語（モンゴル語の意）で「順序正しく、適切にかつ巧みに」答弁した。かれらはヴェネツィア貿易商人としてペルシア語はすでに心得ていたであろうし、また、ブハーラ滞在中にトルコ語・モンゴル語を学んで、この日のために備えていたと思われる。両兄弟の明快、適確な説明によって西洋事情を理解したクビライは今度は両兄弟を使節としてローマ教皇のもとへ派遣しようと決心し、両兄弟に要望したところ、両兄弟はハンの臣下のような忠誠心溢《あふ》れる態度でこれを承諾したのである。

一二六〇年に大ハンとなり、中国全土征服のため、なおも南宋と戦わねばならなかった一二六六年当時のクビライはどうして西洋やローマ教皇に異常な関心を抱いていたのであろうか。クビライは、一二一五年にトゥルイの第二子として生まれた。トゥルイ家の一族は、ウゲデイ家が政権を獲得したため、ながらく不遇をかこっていた。クビライは西方遠征にも参加しなかったためにモンゴリア本土での生活を続けていた。漸《ようや》くモンケの即位とともに、クビライは中国支配の願望を強く打ち出し、側近に姚枢《ようすう》・許衡《きょこう》など漢人官僚を登用した。このように中国文化に関心の深かったクビライが一転してローマ教皇との接触を求めようとしたことは一見、奇妙なことと言わなければなるまい。しかし、実際はクビライは視野の広い人物であったようで、「タタールの平和」の西方世界の事情にも関心を抱いていたのである。

実はポーロ兄弟はクビライの面識した最初の西洋人ではなかったらしい。というのは元朝の文献によると、一二六一（中統二）年に発郎国（フランク国の意）からの使者が元朝の上都へ来て献上品を奉ったことがあるからである（前嶋信次氏の研究による）。発郎はファラングと読み、イタリア・ヨーロッパ人などを意味するフランクという語を写したものである。したがって、一二六一年に西洋のどこかの国の使者と称する者がクビライの宮殿のあった上都へ来てクビライに謁見したことが記録されているのである。だが、この西洋人とクビライとの会見についての詳しい事情はわかっていない。

❖モンゴル帝国の内情

実は即位直後のクビライはいや応なしにモンゴル帝国全般の形勢に眼を配らねばならない環境にあった。第一、栄ある大ハン位はどちらかと言えば実力で奪い取ったもので、その競争相手であるウゲデイ家の海都《カイドウ》はクビライの大ハン位を不当なものとして、中央アジア、セミレチエ地方の領土に拠って反クビライの叛旗《はんき》を挙げ、チャガタイ－ハン国にも干渉し、中央アジアの大ハンを宣言したのである（一二六八）。クビライはその一代を通じて（クビライ、一二九四年崩御《ほうぎょ》）海都の反攻に悩まされ続け、さらに、一三〇五年まで元朝は中央アジアの同族との対立を解消することができなかったのである。

これに反して、イル－ハン国を建てたフラーグは兄のクビライと親密な関係にあり、元朝とその大ハンを宗主国として臣従する態度をとり、フラーグの後裔《こうえい》も概して同じ関係をとり続けた。海都の反攻に対して、イル－ハン国は終始、クビライの同盟国としての政策をとり、アム河の一線を保守して、海都とチャガタイ－ハン家の侵入を防いだ。クビライとイル－ハン家の間にはつねに情報連絡が保たれ、両国間で、海陸による使者の往来も盛んであった。したがってクビライはイル＝ハン国を通じて西方事情すなわち小アジア・地中海世界・西欧についての知識を得ることは困難ではなかったのである。それゆえポーロ兄弟の元朝訪問は大いに歓迎されたであろうし、また、これにイル＝ハン国の宮廷もかれらの紹介の任に当たったのではないかとも推測されるのである。要するに、クビライが西欧事情を積極的に入手しようとしたという根拠は十二分にあったのである。

さらに、クビライの政策に沿って西アジア全域を征服しようとしたフラーグは一二五九年にシリアを攻めたが、マムルーク朝の軍隊の反撃によって破れ、その後もマムルーク朝攻撃が成功しなかったことはクビライにとって重大な関心事であったであろう。クビライはイル＝ハン国を援助する立場にあったといえる。しかも、フラーグとその後裔のイル＝ハンたちが西欧キリスト教国と同盟してマムルーク朝攻撃を企てたことはクビライも知っていたにちがいない。恐らくクビライはこの問題を通じて西欧キリスト教世界への関心を深めたと思われる。これに対して西欧はどのように反応したであろうか。ポーロ兄弟はこの問題にどのように関わりあったのだろうか。

❖クビライの意図

クビライから許らずもローマ教皇への使節の役目を仰せつかったポーロ兄弟は二つ返事で承諾した。そこで、クビライはローマ教皇にあてた数葉の書簡をトルコ語で書かせ、一人の重臣とポーロ兄弟に託し、ローマ教皇に直接その意を伝える任務をも託し、また、サラマンダー（石棉）で造った燃えない布地のナプキンを贈物とした。クビライの書簡の内容から、クビライの意図の一部を察することは困難ではない。すなわち、クビライはローマ教皇に対して、キリスト教の教義に通暁《つうぎょう》し、七芸に練達した人士で、かつ、偶像教徒やその他の教派の信者たちと議論し、すべての偶像は悪魔に属するものであることを論証するに足る能力を備えた賢者一〇〇人を派遣してほしいということ、もうひとつは、イェルサレムの聖墓にともされている燭台《ランプ》から少々の聖油を持ち帰ること、これがクビライの教皇への使節の目的であった、とポーロ兄弟は証言しているのである。この部分は『世界の叙述』のなかの最も重要な箇所であるといっても過言ではない。ニコロとマッフェオは以後、クビライの特命使節、外交官として行動することになり、商業活動は表面から全く姿を消しており、クビライも貿易や通商についてはひと言も口にしていないのである。

クビライにとってなぜ有能な西洋人が必要であったのか。『世界の叙述』の「クビライ－ハンの宮廷について」の章によると、ニコロとマッフェオはクビライにキリスト教改宗を勧めていたことがわかる。クビライが両人に「なんじらはなぜ朕《ちん》をキリスト教徒たらしめようとするのか」と反問していることがその証拠である。クビライはポーロ兄弟に次のように言明している。元朝在住のキリスト教徒（ネストリウス教徒を指す）は無知蒙昧《もうまい》であって、いろいろの技術や奇蹟に通じている偶像教徒にはかなわないこと、したがってキリスト教に改宗してもなんら効能がないこと、しかし、偶像教徒はその魔術や秘法を用いて朕に危害を加えるかもしれず、したがってこれら悪魔の業に長じた偶像教徒を抑えることのできる、キリスト教義に精通した一〇〇名の賢者を西洋から派遣して、偶像教徒の法力を打ち破ってもらいたい。そうすれば朕は洗礼を受けてキリスト教徒になることができるし、また、臣下たちも朕にならって改宗するであろうから、元朝のキリスト教徒の数は西洋諸国をはるかに凌駕《りょうが》するにちがいなかろうと。ポーロ兄弟がローマ教皇の使命に従って、クビライにキリスト教改宗を勧誘して伝道的役割を演じたことは明らかである。しかし、クビライは直ちにこれには応ぜず、キリスト教の賢者一〇〇名の派遣をポーロ兄弟に要望したのは、クビライが一枚、上手《うわて》であったかもしれない。要するにクビライはキリスト教義によって偶像教すなわち仏教、さらには儒教・道教などの教理教説を批判、折伏《しゃくぶく》することを目論んだようで、結局は元朝における儒教的官人、仏僧、イスラム教徒などの横暴を抑え込むことを考えていたといえる。そのためには、七芸、すなわち、修辞学・論理学・文法学・数学・幾何学・天文学・音楽に学識のある有能なキリスト教徒が必要であったわけである。がんらい、モンゴルの支配階級は中国文明を必ずしも最高のものとして評価せず、イスラム文明やキリスト教文明のすぐれた点をよく知っていたから、クビライは中国統治のため教養ある西洋人を顧問として招きたかったのである。また、イェルサレムから少しばかり聖油を持ち帰るよう命じたのは、元朝のネストリウス教徒の好意を買うための政策であったと言ってよい。全体を通じて見ると、クビライはローマ教皇との接触を求め、これと友好関係を結ぼうと意図しているのである。クビライはもちろんキリスト教の信者であったのではないし、他の宗教より優遇しようとしたわけではないが、かれの統治政策の立場からキリスト教国との親善のためにキリスト教徒を利用しようと計ったのである。そして、ポーロ兄弟はまたかれらの立場でクビライの使徒たらんと決意するのである。

❖ポーロ兄弟の帰国

ニコロ、マッフェオ両兄弟とクビライの重臣は勅書を奉じてローマ教皇庁へ向かって出発するにあたって、クビライから特権のしるしとして黄金の牌子《はいし》（パイザ）を授かった。一行は一二六六年に騎馬で出発したが、同行のモンゴルの重臣が途中で病いにかかり、旅を続けることができなくなったので、両兄弟はかれを途中のある都市に残して、旅を続けることにした。パ

クビライ-ハン、ポーロ兄弟に金牌を授与　14世紀の細密画

イザのお蔭で、かれらは途中、よい待遇を受けながら西下を続け、小アルメニアの海港都市アイヤースに到着した。この間、三か年にわたる旅程であったというが、元朝の首都からどういう経路でここまでたどりついたかは伝えられていない。ポーロ兄弟はアイヤース市を出発して、目的地のアッコに到着したのが一二六九年四月であった。アッコはイェルサレム海岸の都市で、サンジャン-ダクルともいう。三か年の旅で一二六九年にアイヤース市に到着したというから、元朝出発の年次は一二六六年と見られるが、両兄弟によるとこの中央アジア旅行はかなり苦しいものであったらしい。

アッコに到着してみると、目的の教皇クレメンス四世（在位一二六五〜六八）はすでに亡くなっていたので、両兄弟はパレスティナ駐在の教皇特使テオバルド=ヴィスコンティという高位の聖職者のもとに赴き、かれらがモンゴル皇帝から託されてきた使命のことをかれに報告した。この教皇特使はこの報告に接して非常に驚くとともに、これはキリスト教国にとって有利な機会だと判断したが、なにぶん、教皇位は三年間も空位であり、といって教皇の認証なしにはこのような委任はできないとあって、新しい教皇が決まるまで待機するよう両兄弟に答えた。両兄弟はこの間を利して、一四、五年留守にしたヴェネツィア市へ帰って、家族たちに会うこととし、アッコを出発し、ネグロポント（ギリシアの東海岸の島）へ行き、そこから船に乗ってヴェネツィア市へ帰りついた。ニコロが自宅へ帰ると、かれの妻は前年に他界しており、ニコロ不在中に生まれた当時一五歳になるマルコという息子がひとり残されていたのである。マルコ＝ポーロはここにはじめて歴史に登場してくる。長い間、不在中の父を待ちわび、しかも実母を失ったマルコはやっと帰還した父とその夜、何を語り合ったのであろうか。ニコロとマッフェオは約二年間ヴェネツィアに留まり、今日か明日かと新教皇の選出を待ちわびたのであった。

それにしても商人として登場したはずのニコロ、マッフェオ両兄弟はいつの間に、どうしてこのような熱心なクビライの臣下に変身していたのであろうか、謎はつねに残る。かれらははじめからローマ教皇庁のモンゴル帝国に対する密使か間諜《かんちょう》であったかもしれない。あるいはかれらはジェノヴァ勢力の勃興に直面してヴェネツィア商業の利益を守るため、ローマ教会とモンゴルの大ハンとに接近を計ったのかもしれない。この問題はしだいに解明されようが、両兄弟が完全に元朝大ハンの特使の資格で帰国し、ローマ教皇に連絡する役割を演じたことは疑う余地はない。

マルコ＝ポーロの登場

❖ポーロ一行の旅立ち

ポーロ兄弟は新しい教皇の選出を待っていたが、教皇庁の内部事情でなかなか決まりそうもない。かれらは大ハンの宮廷へ復命するのがこれ以上延びるのは具合が悪いと考え、とうとう行動を開始した。クビライの信用を得るにはこれ以上復命を延期させることは不利と考えたにちがいない。

ポーロ兄弟は出発に当たってニコロの子、少年マルコを伴ってヴェネツィアを旅立った。これがあまりにも有名なマルコ＝ポーロの出発である。マルコは父ニコロの不在中、恐らく一二五四年にヴェネツィア市で生まれたのであろう。父ニコロが帰宅したとき、マルコは一五歳であったが、マルコのこの一五年間の少年時代については何も知られていない。とくに商人としての仕事をしていたか、遠いアジアの文明と社会に子供ながらの関心を抱いていたかどうかも全く不明である。マルコがはじめから商人として東方へ出発したということはあり得ない。帰郷後、再婚したニコロは元朝への再旅行にさいして、一七歳のマルコを残して出発することはもうできなかったし、ニコロの後妻はもう懐妊したこともあって、ともかくも実父の情として伴ったのである。

　ポーロ家の三人は一二七〇年の末にヴェネツィアを出発、まっすぐにアッコ市へ行き、上記ローマ教皇特使と会って事情を説明し、ついでイェルサレムへ行って、キリスト墓前のランプから少々の聖油をもらい受け、再びアッコ市に戻って教皇特使テオバルド＝ヴィスコンティに暇乞《いとまご》いをした。両兄弟は教皇の選出されるまで待ちきれないから、このままで大ハンの宮廷へ帰る決心をした旨を教皇特使に述べ、教皇特使もやむを得ないとして、これに反対しなかった。教皇特使は大ハンあての書簡と伝言を作成し、ローマ教皇空位のため、両兄弟の受けてきた使命のすべてが果たされなかった事情を釈明して、認証のしるしとした。

　ポーロ兄弟は教皇特使テオバルドの書簡を受け取ってアッコ市を出発し、元朝への復命の途につき、小アルメニアのアイヤース市へ着いたとき、テオバルドが新しいローマ教皇に選出されたことを知った。これがグレゴリウス一〇世（在位一二七一～七六）

グレゴリウス10世

である。まもなく、この新教皇からの使者がアイヤース市まで追いかけて来て、両兄弟がまだ出発していないのならば、すぐにアッコ市へ戻るよう伝達してきた。ポーロ家の一行はかれらの行手に当たる中央アジアでチャガタイ家の一王侯による変乱があって交通不可能なため、立往生していたさいであったので、新教皇からの招きに応じ、大いに喜んでアッコに引き返した。このとき、小アルメニア国王のレーオン三世（在位一二六九～八九）はポーロ一行のため、わざわざ、武装したガレー船（櫂《かい》で漕ぐ船）を用意し、海路で一行をアッコ市へ送りとどけた。小アルメニア国王は大ハンの藩属《はんぞく》であり、キリスト教徒でもあったから、このような熱意を示したのである。小アルメニア国王もポーロ一行の帯びる政治的、宗教的使命の重要さに十分に気づいていたことは明らかである。

❖ローマ教皇の東方政策

ポーロ兄弟は早速、グレゴリウス一〇世教皇のもとに赴き、恭々《うやうや》しく敬意を示し、教皇はかれらを引見し、親しく祝福を与えるという破格の優遇を与えたという。両兄弟は聖職者ではなく、俗人であったと見られるが、ローマ教皇への特別の尊崇心は持っていたにちがいないし、また、クビライから託された使命の届け先でもあった。待ちに待った瞬間であった。「祝福」とは教皇がじきじきに、神の恩恵の降下を与えることをいう。

さて、ローマ教皇グレゴリウス一〇世は改めてクビライにあてた書簡数葉を作成させたが、その主な内容はつぎの如くであった。すなわち、クビライ-ハンからイランのイル-ハン国のアバカ-ハンに訓令を発して、アバカをしてキリスト教を保護、援助させること、ならびに、キリスト教徒が海路でアバカの領土へ往来できるよう便宜を計ってほしいということであった。教皇はクビライに贈物を用意し、二人の説教者修道会士（ドミニコ会士）を使節に選び、両兄弟がこれを護衛することになった。このドミニコ修道会士はヴィチェンツのニコロとトリポリのウィリアムであった。マルコ=ポーロは何も言っていないが、一〇〇人の賢明なキリスト教人士を集めて元朝へ派遣することはできなかったようで、その代わりに二人のドミニコ会士が選ばれたのであろう。いずれにせよ、ローマ教皇はイル-ハン家との友好関係を熱望していたのであるが、実は初代のフラーグ、第二代のアバカともにローマ教皇庁と交渉を持っていたのである。一二六〇年にローマ教皇（アレクサンドル四世に当たる）がフラーグに送った書簡で、フラーグにカトリック教への入信を勧め、また、フラーグのシリア征服を援助する用意のあることを表明している。アバカ-ハンは国内のキリスト教徒を保護し、また、ビザンティン皇帝ミハイル=パレオロゴスの王女マリアを妃とし、イル-ハン国とビザンティンとの国交が結ばれた。また、アバカはネストリウス教会を保護し、その総大主教（カトリコス、訳して法王ともいう）のデンハ（在位一二六五〜八一）、その後任のヤバラーハー三世（在位一二六六〜一三一七）とも親しい関係にあった。このように、初期イル＝ハンたちは西欧キリスト教世界にとって親キリスト教国としてうつり、カトリック伝道の処女地としてローマ教皇と修道会の進出の目標となった。ローマ教皇グレゴリウス一〇世がクビライにあてた書簡はこのような背景において理解さるべきものなのである。

さらにイル＝ハン国に関して言えば、アバカは一二六七年にローマ教皇クレメンス四世（在位一二六五～六八）に書簡を送り、教皇がシチリア王のホーエンシュタウフェン＝マンフレッド（フリードリッヒ二世の次子）に対して博した戦勝を慶賀している。さらにイギリス国王エドワード一世はシリア征服の必要から、モンゴルと共同作戦を計るため、一二七一年にパレスティナへ来て、アバカに使者を送って、連合十字軍に参加するよう提議したが、アバカはチャガタイ＝ハン国との戦争のため、出兵できなかった。したがって、アバカも西欧に対しては若干の負い目を感じていたところであるから、クビライからアバカへ送られるであろう訓令は効き目があろうと教皇アレクサンドル一〇世は考えたと見てよい。

さらに、教皇はこの機会にカトリックの東方伝道のきっかけをつかもうとした。教皇は上述の二人のドミニコ会士に対し、行先の元朝において司祭・司教を任命し、教皇と同様に破門・入信を行いうる特別の権限を授与し、両名に信任状と数通の書簡を与えた。がんらい、説教者修道会もフランシスコ修道会もふつうの修道会と異なって、ローマ教皇に完全に従属しており、教皇の命ずる任務を遂行する、とくに異端訊問の役割を果たす権限、しかも不信者の国土にキリスト教を普及させる権限を与えられていた。両修道会は一三世紀のはじめに成立し、小アジア・シリア・パレスティナに伝道の根拠地を置いており、西アジア各地、さらにはモンゴリア草原へ伝道活動を行って、とくに西欧キリスト教国王とローマ教皇との特命使節として、モンゴルの宮廷を訪れている。かれらは非カトリック世界の住民と領土をローマ教会へ加入させるという政治的意図を持って行動したのである。ローマ教会のための探検・情報収集・諜報活動はかれらの特別の任務であった。教皇グレゴリウス一〇世がポーロ兄弟とともに元朝へ派遣しようとした二人のドミニコ会士はまさにこのような性格のものであった。

❖随行者マルコ

ポーロ兄弟は元朝の大ハン、クビライの特命使節としてローマ教皇と会い、その使命を部分的に果たしたが、今度はローマ教皇の使節の副使の資格を持ってクビライのもとへ派遣されることになったと言える。このことは教皇がポーロ兄弟に施した特別の待遇から察せられる。ポーロ兄弟もカトリック伝道についてはある程度の理解は持っていたであろうが、聖職者とは言えない、俗人である。しかし、商業とか商人とか言ったにおいはこのさいは全く嗅《か》ぎとれない。かれらはクビライまたは教皇の使節と見なすのが適当のようである。ポーロ兄弟はクビライにもローマ教皇にも奉仕していることは事実である。それを背景に、かれらは莫大な商利を追求したのであろうか。私利のためか、ヴェネツィア都市共和国の栄誉と発展のためか？

それでは一体、ポーロ兄弟とマルコはなんであったのか。「ニコロ兄弟と両名の修道会士は信任状、書簡、伝言とを受けとるや、教皇じきじきの祝福を請い、ここにいよいよ一行四名はニコロ氏の息子マルコをも伴って出発することになった」。すなわち、使節団は二人のドミニコ会士、ポーロ兄弟、あわせて一行四名であり、したがってマルコは単に随行者にすぎなかったといえる。恐らくマルコの身分は教皇使節ニコロの同伴者ということになろう。マルコが未知の東洋の世界に憧《あこが》れ、富と財宝を求めるために勇躍、クビライの宮廷へ旅立ったのかどうかは明らかでない。ただ、マルコが賢明、善良、有能な若者であったらしいことはやがてはっきりしてくる。

さて、使節団四名とマルコはアイヤース市に直行したところ、二人のドミニコ会士がこの地方での戦乱を理由に、殺害される危険があるから旅を続けるのを中止したいと言い出した。つまり、マムルーク朝のスルターン＝バイバルス＝ブンドクダーリー（在位一二六〇〜七七）が大軍を率いて小アルメニアに侵入したというのである。しかし、一行の出発当時の一二七一〜七二年には小アルメニアには大きな戦乱はなく、バイバルスが小アルメニアに侵入し、破壊と掠奪の限りを尽くしたのは一二七五年のことであるから、この箇所はマルコ＝ポーロは筆を曲げたにちがいない。要するに、例の二人のドミニコ会士は修道会の本旨に反して臆病者であって逃げ帰ったのであるが、マルコ＝ポーロはドミニコ修道会の名誉を守るために逃亡の事実を蔽《おお》い隠したにちがいない。かくて、二名のドミニコ会士は教皇から託された信任状、書簡すべてをポーロ兄弟に預けて、踵《きびす》を返し、神殿騎士修道会の隊長とともに引き返していった。こうなるとポーロ兄弟は完全な形での教皇使節を引き受けざるを得なくなり、ローマ＝カトリック教会を代表してクビライに復命することになった。この瞬間、ポーロ家の三人は自分たちの使命の重大さをかみしめ、その立場で行動を開始することになったのである。

❖砂漠を越えて

ポーロ家の三人は一二七一年の末、アイヤース市を出発して、東方へ旅立った。また、これはマルコ＝ポーロの東方旅行の始まりでもある。ところで、マルコ＝ポーロの『世界の叙述』は非常に精密な「見聞録」ではあるが、いわゆる「旅行記」「旅行日誌」ではないので、一行の通過した地点、あるいは旅行ルートを確定することは困難な場合が多い。そこで以下、そのだいたいのルートを跡づけていこう。一行はアイヤース市から北上してルーム領へはいり、スィヴァース市を経て東行し、大アルメニアに近いエルズィーンジャーン市を経由したと見られる。マルコ＝ポーロはこの都市が大司教の所在地であること、付近の地方には銀鉱山があること、タタール（モンゴル）の軍隊が夏に駐屯しにくること、《ノアの箱船山》（アララート山を指す）があることなどを記している。ついで、一行はアゼルバイジャン地方へはいり、その首都ともいうべきタブリーズ市へ立ち寄ったとみられ、「このタブリーズの町からペルシア国までは一二日行程の距離が隔っている」と記している。モスル市やバグダード市を経由したかどうか明らかでない。タブリーズ市から一行は南進し、ヤズド市を通った。ここから、大平原を七日間かかってキルマーン王国領へ到着した。ここはイラン東南部の州で、宝石・鋼鉄・武具・絹織物などを特産とする。州都はキルマーン市である。

キルマーン市から平原を七日間で騎行《きこう》し、二日行程の傾斜地を下ると一大平原にさしかかるが、この平原のかかり口にカマディ市がある。この平原でマルコ＝ポーロはカラウーナス部人と呼ばれる盗賊団に襲われ、危うく生命《いのち》拾いをしたという。この平原を南へ向かって五日間進むと、豊饒《ほうじょう》なホルムズ平野へ出る。もう、そこにはペルシア湾があり、この海岸地区に海港都市ホルムズがある。ポーロ一行がこの歴史的に有名な、インド洋航路の拠点に当たるホルムズ港へ来たのは海路で元朝へ行こうと考えていたからであろう。ホルムズ港には香料・宝石・真珠・絹布・象牙などの商品を船に満載してインドから商人がやって来る。そしてこれらを買い入れた商人はまた転売する。しかし、この地方で使われている船は構造が貧弱で、原始的なので、よく難破し、とても乗る気にはなれないと、商船の本場ともいうべきヴェネツィア生まれのポーロ一家は観察した。したがって一行は海路を断念し、陸路、砂漠の世界を越えて元朝へ行くことにしたようである。

そこで、一行は「往路とは別の道筋をとって上記キルマーン市にいったんたち戻る」ことにした。キルマーン市から七日間、苦しい砂漠行の末、コビナン市へいたり、ここから八日間、また、砂漠を渡ってトノカイン地方へ着く。ここは、イラン東部の大砂漠《ダシュト＝イ＝カヴィール》の東辺のクーヒスターン州であって、トーンとカーヤンの二市がある。ここで、マルコ＝ポーロは《山の老人》という題目で、ムラーヒダ（異端、邪教徒の意）とも呼ばれるイスマーイール教主国について聞いたことを詳しく伝えている。このイスマーイール派の本拠はエルブルズ山脈中のアラムート山塞であるが、ポーロ一行がこの地を経由したとは考えられない。イスマーイール派の拠点はクーヒスターンにもあったから、一行がトノカイン地方を通行中に聞いた話をもとにその他の伝聞をまとめて『世界の叙述』のこの箇所に挿入したのであろう。

一行はトノカイン地方をあとにして、ホラーサーン地方を経由し、シュブルカーン市からアム河南のバルフ市へ到着した。ここから、東北または東方へ一二日間の旅程でタールカーン市に着く。ここはアム河上流左岸のクンドゥズ地方の一都市である。ここから、東方へ三日間の旅程でスカセム市に着き、さらに三日間の旅程でバダクシャン国へ着く。タールカーン市以後、道筋はパミール山系のなかの渓谷地帯であったが、一行はいよいよアジアの屋根へ挑戦する。

バダクシャンはイスラム教徒を住民とする大国で、山中から紅玉・碧玉《へきぎょく》を産することで有名である。マルコ＝ポーロはここでカシュミール国について述べており、この地方へちょっと立ち寄ったかもしれない。一行はバダクシャン王国から東方、または東北方へ一二日間の旅程で、アム河上流のワハン渓谷地方へ達する。一行はワハン地方を出発して山岳地帯を東北行し、三日間の旅程で、世界の最高の土地といわれる場所へ着いた。ここはパミールの最高所であったにちがいない。この高地は平原をなし、カラークル湖があり、平原には野生の羊が生息している。この高地を一行は一二日間かかって横断したが、万目《ばんもく》荒涼、一羽の鳥も見かけず、気圧が低いために火がよく燃えず、炊事がうまくできなかったという。この一二日間の苦しい旅を終えて、一行はさらに東北、そして東方へと山岳・渓谷地帯を越え、河を渡り、砂漠を越え、パミール高原の南方に当たるボロール地方を経て、山地を下り、ついに東トルキスタンのオアシス地帯へ足を踏み入れたのである。

❖ 西域を行く

パミールの東麓へ下ると、東トルキスタンのオアシス農耕地帯となる。古来から西域と呼ばれる地方である。北を天山山脈、南を崑崙《クンルン》山脈、西をパミール山地に囲まれたこの地方はタリム盆地とも呼ばれ、中央部にタクラマカンの大砂漠が横たわるが、山麓の地帯にはオアシスが点々と散在する。ポーロ一行にとっては初めて足を踏み入れる地方である。もちろん、「タタールの平和」圏の地理的中心部であり、当時は概して元朝大ハンの支配下にあったが、絶えず海都《カイドウ》の軍事的脅威下にあり、東西の交通はしばしば杜絶《とぜつ》することがあった。

ポーロ一行が最初に通過したのはターリム盆地の西隅にある大都会カシュガルであった。商業・手工業・農業が営まれていたが、住民の生活は貧弱であったとマルコ＝ポーロは伝える。この箇所で、サマルカンドについての記事があるが、当時、一行がこの都市を訪れたのではない。カシュガルから東へ進むと、ヤルカンド、ついでホータンへ着く。ついで、ペム、チェルチェン、ロプ市へと達する。一行はカシュガルから以上の経路で東方への旅を続けた。ロプ市は有名なロプ＝ノール湖の南方にある都市であって、ここから東方に大砂漠がひろがり、これを越えると、中国本土の西境へ達する。

一行はロプ砂漠を三〇日間費やして横切り、タングート地方の沙州に到着し、元朝中国の本土へはいった。ここで、マルコ＝ポーロはこの都市のキリスト教徒、イスラム教徒について観察し、とくに、かれにとって異様に映じたであろう偶像教の寺院、その信徒たちの風習、葬式について詳しく記録している。ついで、カムール市すなわち哈密《ハミ》について述べているが、先を急いでいる一行がわざわざ沙州のかなり北にあるカムールを訪れたとは考えられない。また、マルコ＝ポーロはウィグリスタンとギンギンタラスについても述べているが、前者は高昌、トルファン地方であり、後者は天山東部のビシバリク市に当たるから（愛宕松男氏の説による）、一行がわざわざこれらの地方を訪問したとは思えない。

一行は沙州から東方へ一〇日間の騎行を続けて粛州へ着き、ついで東方の甘州へ来た。甘州はタングート地方の大都市で各派宗教の寺院があり、とくに偶像教徒について細かに観察している。この地で一行はまる一年間逗留して、ある仕事に従事したという。クビライからの指示を待ったのではないか。一行は甘州から北方へ四〇日間、砂漠を渡るとエチナへ着くというが、かれらがこの地へわざわざ出向いたということはあり得ない。さらに、カラコルム市の話も短かなもので、旅程とは関係ない。一行は甘州を出発し、五日間の旅程でエルギヌール（涼州を指す）へ着き、エルギヌールから東方へ八日の旅でエグリガイア（寧夏中興府）へ達した。寧夏はアラシャン山脈の麓、黄河の河岸に位置するが、一行は黄河を渡らず、黄河の北岸に沿って北上し、テンドク地方へ着いた。テンドクというのは唐代の旧地名、天徳軍のことで、今の内モンゴル自治区、綏遠《すいえん》帰化城方面に当たる。マルコ＝ポーロは、この地方の王はプレスター＝ジョンの後裔であって、現在の王はジョルジといい、クビライに臣従しているという話を伝えている。テンドク地方にいたジョルジとはオングート王国の君主ギワルギス（?～一二九八）のことで、実在の人物であり、ネストリウス教徒であった。実はマルコ＝ポーロはこの伝説上のプレスター＝ジョンの事蹟を探していたが、このギワルギスのみならずケレイト王のワンハンをもプレスター＝ジョンの後裔と見なした点はいささか混乱があるようである。

ついで、一行はテンドク地方を去り、カタイ（元朝支配下の中国華北）へ向かって東の方に七日間、旅し、宣徳州（現在の内モンゴルの宣化）を通り、三日間の旅でチャガン－ノールへ着く。これは今の張家口から長城を越えて内モンゴル草原にはいった地点で、この地に湖沼があり、クビライの宮殿があり、行楽の地であった。ポーロ一行が宣徳州から東行してハンバリク城（大都）へ赴かなかったのは、当時、クビライがこのチャガン～ノールの北にある夏の首都に滞在していたからである。「チャガン－ノール市を出発して三日間の旅程で、シャンドゥ（上都）市に到着する」というように、一行は上都を目ざして、最後の旅程にはいったのである。この旅程でマルコが「万里の長城」については何も記していないのは不可思議というべきで、その理由は全くわからない。

❖クビライに復命

「ニコロとマッフェオの両氏はニコロの息子マルコを同伴し、夏を渡り、冬を過ごす騎馬の長旅を続けたあげく、ついに大ハン宮廷にたどりついた」。クビライはニコロとマッフェオがはるばる帰って来たことを聞くと、さっそく出迎えの使者を四〇日行程の遠方にまで派遣し、厚い待遇ぶりを示したという。四〇日行程というのを信用して逆算すると、ポーロ家の一行は甘州か寧夏あたりでこのクビライからの出迎えの使者に出会ったことになろう。クビライの宮廷は上都開平府という都城内におかれていたが、これは「夏の都」であって、旧暦三月から九月まで元朝の皇帝はここに行幸した。ポーロ一行が上都に着いたのはしたがって夏であったわけで、三年半を費やした旅行は一二七四年の夏、その目的をとげたことになる。

ニコロとマッフェオは直ちに宮殿に参上し、クビライに謁見し、教皇からクビライにあてた信任状、書簡を捧呈《ほうてい》し、また、イェルサレムの聖油も献上した。クビライは満足の意を表し、ポーロ兄弟の労苦をねぎらい、恩寵《おんちょう》を施した。ここに、ポーロ兄弟はクビライの使命に対して復命したわけであり、同時にローマ教皇特使としての任務をも果たしたことになる。しかし、先にクビライから強く依頼された「一〇〇人の賢明なる西洋のキリスト教徒」を同行できなかったことについては何も説明されていない。この点ではポーロ兄弟はクビライの使命を果たせなかったといえる。

ポーロ兄弟の復命が終わると、クビライは若者マルコに眼をやり、何者であるかを問うた。ニコロは、これはわが息子であり、陛下の臣僕《しんぼく》であると答えたので、クビライはマルコを召し抱えようと勅語を賜わったという。すでに指摘したように、ニコロ兄弟は正式にクビライの使臣であったが、マルコは単にこの使臣の随行者にすぎなかったのである。したがって、ここでマルコは初めてクビライの臣下として登用され、元朝に在住せざるを得なくなったといえる。

つまり、この時点でマルコは自分の生活の方針を立てることになったのである。かくて、ポーロ家の三人は帰朝の祝賀を受け、厚い礼遇と豊かな賜り物を与えられ、以後、クビライの宮廷に仕えることになった。ここに、マルコ＝ポーロ、その父ニコロ、叔父マッフェオの三人はクビライの役人として元朝に在住することとなる。元朝で何らかの公務、その他の仕事に従事し、同時に多種多様の見聞を蓄えたのはマルコ＝ポーロのみであったのではなく、ニコロもマッフェオも同様であったことを無視してはならない。この三人は最後までつねにひと組みとして取り扱われねばならないのである。すなわち、マルコのみを切り離して扱ってはならないのである。

Ⅲ

クビライの帝国

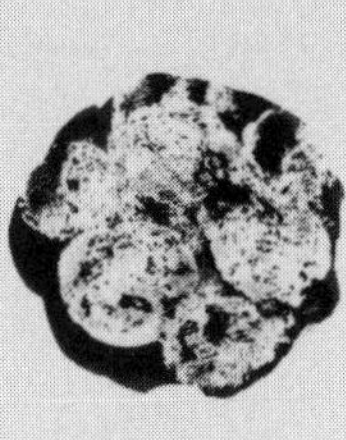

クビライの素顔

❖忠臣マルコ

ニコロとマッフェオの両兄弟及びマルコが元朝へ来てクビライ＝ハンの宮廷に仕えるようになった事情はすでに述べたとおりである。かれらが最初からクビライの臣下として仕える方針であったのかどうか、この点についての記録はない。想像すれば、クビライはかれらを「一〇〇人の西洋の賢者」の代わりに用いようとしたのであろうし、ポーロ兄弟とマルコはクビライをキリスト教に入信させようと考えていたかもしれない。かれらはまた、しばらくは元朝に在住してこの帝国についての情報を集める任務が課せられていたかもしれない。このような重要な事柄をマルコは全く記録していないのである。

『世界の叙述』の筆録者ルスティケッロは「序章」においてマルコの役割と活動についてこうまとめて書いている。マルコは実に感心な若者で、モンゴル人の習俗・文字・言語をまたたく間に修得した。すなわち、来朝してからまだ日も浅いのに四種の言語・文字に精通したという。四種の言語とは多分、モンゴル・ペルシア・トルコ・ギリシア語であろうといわれているが、マルコはモンゴル（またはウイグル）の文字と言語、ペルシア（アラビア）文字とペルシア語などの読み書き、会話ができたにちがいない。さて、マルコは賢明で慎み深い若者であったので、クビライはかれを非常に寵愛し、重く用いた。とくにクビライはマルコを特命の使節として用いたようで、元朝国内はもちろん、南洋方面へも派遣している。クビライは世界――モンゴル帝国――の各地に使臣を派遣し、これらの使臣が帰朝して復命するさいに、各地の珍しい話や風習を聞くことを好んだが、マルコはそのなかでもとくに報告が詳しく、各地の珍奇な事物をよく説明し、また、珍しい品物を集めてクビライに献上して喜ばせた。マルコがカラジャン（雲南）地方への使者として派遣され、使命を果たして帰京し、クビライに復命したさいは、マルコの報告が非常に詳細で、興味深いものであって、並みいる侍臣はこれに感嘆したという。雲南への使節行のころは、マルコはまだ若輩であったというから、これはポーロ一家の元朝到着後間もないころであったかもしれない。

かくて、マルコは若輩であったにもかかわらず、マルコ＝ポーロ氏と敬称されるようになった。氏すなわちメッセレである。かくて、マルコはクビライの臣下、使者としてクビライの宮廷で仕え、元朝在留の一七年間、絶えず、使臣として諸方に派遣され、その有能ぶりを認められ、つねにクビライの側近に侍ったので、重臣たちもこれに嫉妬《しっと》と脅威とを感ずるほどであったという。マルコが元朝やアジア諸地域の珍しい事柄に通じ、知識が豊かであったのはこのように使臣として各地へ赴き、踏査できたからであると、かれ自ら誇っているようでもある。

マルコはクビライに使用された使臣、行政監視役、情報収集者であったと見てよい。マルコはこのことを誇りとし、それに生き甲斐を求めていたようでもある。かれが大商人としてクビライに仕えたとは考え難い。元朝では種族による階級制度のようなものがあった。すなわち、蒙古人（モンゴル人）、色目人《しきもく》、漢人、南人の四階級であって、蒙古人は支配者として最高の身分であり、色目人とは西域（中央・西アジア）系の諸族で、蒙古人につぎ、漢人は華北の中国人、南人は最後に臣従した江南地方の中国人であって、中国人は下位の身分におかれ、差別待遇を受けていた。「ラテン人」すなわち西洋人であるポーロ家の三人は恐らくは色目人並み、あるいはそれ以上の待遇を受けたものと思われる。クビライが中国統治の機密事項の調査や漢人社会監視のため、信頼のおける西洋人を優遇したことは大いにあり得ることである。クビライは宗教には中立であったが、西洋文明の代表者ポーロ家を中国の文化人、エリート文人官僚、ラマ僧などよりも高く評価していたかもしれない。クビライはポーロ家の三人から西洋事情を詳しく学んでいたにちがいない。ニコロとマッフェオも元朝に仕官したと思われるが、そのことについてはほとんど伝えられていない。

いずれにせよ、かれら三人は元朝に仕官し、ローマ教皇のために東方キリスト教徒とモンゴル帝国に関する情報を集め、できればクビライを改宗させようと試みた。また、ヴェネツィア商業の発展策を講じ、その傍ら、やはり宝石などを貯めていたであろう。

❖プレスター＝ジョンの発見

マルコの『世界の叙述』は主にクビライ＝ハン時代のアジア諸地域に関するかれの見聞録であるが、かれの主君クビライの先祖についても当然、若干のページを割いている。モンゴル族の起源、チンギス＝ハンの事績など、いわばモンゴルの歴史をマルコはどのように考えていたかを窺《うかが》ってみよう。がんらいタタール人（モンゴル族を指す）は興安嶺から西方の大平原のなかの、数条の河川と豊かな牧地が広がる地方にあった。かれらはワン＝ハンと呼ぶ有力な帝王に服属していた。ワン＝ハンというのは世界中で有名で強大なプレスター＝ジョンのことである。タタール人はこのプレスター＝ジョンの統治を受け、家畜と兵士の徴発を受けて、ながらく苦しんだ（ワン＝ハンとは一二世紀はじめのケレイト王国の君主である）。

ところが、キリスト降誕暦一一八七年にタタール人はチンギス＝ハンと号する君主を戴くことになった（実は一一八九年に即位）。チンギスは非凡の才能を備えた知勇兼備の勇士であって、タタール人は王位についたかれの麾下《きか》へ馳せ参じ、強力な軍隊となり、チンギス指揮のもと、諸国を平定し、諸部族をば殺戮しないで自分の部下にいれ、やがてチンギスは世界征服を志すようになった。一二〇〇年にチンギスはプレスター＝ジョンの娘を娶りたいと申し入れたが拒絶された（注―一二〇二年にチンギス-ハンは長子ジュチのためにワン-ハンの娘を娶《めと》ろうとしたことを指す）。かくてチンギスは怒って、大軍を率いてプレスター＝ジョンに向かって進軍し、プレスター＝ジョンも大軍をもって迎え撃つことになった。

　チンギス-ハンはイスラム教徒とキリスト教徒の占星術師を呼んで、勝敗を予言させたところ、イスラム教徒の占星術師は正しい予測を出せなかったが、キリスト教徒の占星術師はこれを見事になしとげた。すなわち、かれらは聖書詩篇を取り、讃美歌を誦したのち、呪文《じゅもん》を唱え、魔法の力によってプレスター＝ジョンが敗北することを実証したのである。これによって、チンギス-ハンはキリスト教徒を重んじ、かれらを厚遇するようになった。両軍が戦闘を交えた結果、チンギス-ハンが勝利を博し、プレスター＝ジョンは戦没し、その王国は滅んだ。チンギス-ハンはのち、カラトゥイ（甘粛省清水県の哈老徒）地方へ出征中に戦傷を受けて亡くなった（一二二七）。チンギス-ハンを継いだ第二代の皇帝はクイ-ハン（実はウゲデイ）、第三代はバトゥイ-ハン（実はグユク）、第四代はモンケ-ハン、第五代は現に治世中のクビライ-ハンである（原典の誤りを修正）。クビライ-ハンはこれら諸ハンのなかで最高の権力を有する最も偉大なハンである。

以上が、マルコのチンギス‐ハン史、モンゴル史の概要である。チンギス‐ハンが敵のプレスター＝ジョンを破ったというのがマルコの要点である。プレスター＝ジョンとはアジアの奥地に住んでいたというキリスト教司祭王で、もちろん、実在者ではないが、ケレイト国王のワン‐ハンがネストリウス教徒であったことにより、ワン‐ハンがプレスター＝ジョンに擬せられたのであり、マルコもそう信じたらしい。しかし、マルコはネストリウス教徒の占星術師の功績を讃え、ことさらキリスト教の肩を持っているが、チンギス‐ハンがキリスト教国王プレスター＝ジョンを破ったことは事実として書かざるを得なかったのである。勝敗は別として、マルコにとってプレスター＝ジョンの発見が必要だったのである。そして、チンギス‐ハンを讃えることによって、かれの孫に当たるクビライを最大級に讃美しているのである。マルコはなお、クビライの敵手たるカイドゥのこと、クビライの盟邦イル‐ハンとその敵（金帳ハン家とカイドゥ）との戦争のことを別に述べ、クビライ治世下のモンゴルの政治史を扱っている。

❖主君クビライ

『世界の叙述』のなかには二人の主人公がいる。マルコとクビライである。クビライなくしてはマルコがなかったことはポーロ家三人の元朝訪問の由来を見れば明らかである。しかし、マルコは自分のことを直接語ることは少ない。だが、マルコはクビライについては偉大な最も

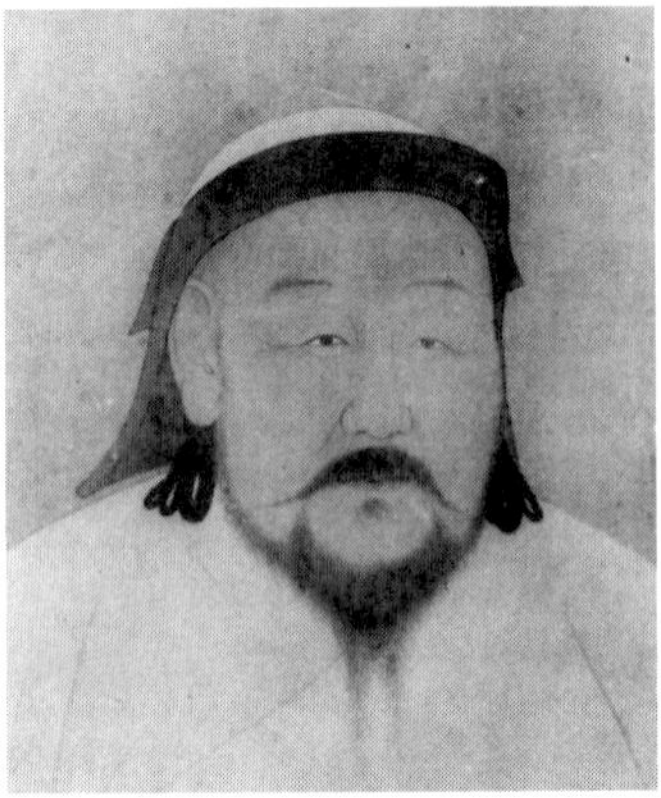
クビライ-ハン　北京故宮蔵

強力な君主として思い切り語っている。以下、マルコにモンゴル帝国の大ハン、元朝の皇帝クビライについて語らせよう。
クビライはチンギス-ハンの孫であるが、マルコが現に治世中のクビライ-ハンを第六代と記すのは誤りであって、第五代のハンである。マルコによれば、クビライはこれらの諸ハンのなかで最高の権力を持つ偉大な皇帝であって、世界中のすべての皇帝、キリスト教国とイスラム教国のすべての帝王を合わせても、このクビライの権勢には勝てないほどの大皇帝であったという。マルコは徹頭徹尾、クビライの讃美者であった。マルコは言う、「クビライの兄弟、一族はかれの即位に反対したので、かれはやむなく実力と知勇をふるって大ハンの位を握った。がんらい大ハン位は当然かれに帰すべき筋合いのものであったが、かれはさらに剛勇にもの言わせて首尾よく即位した」と。実はクビライは正統なクリルタイ（国会）の手続きを無視し、実力をもって大ハンとなったもので、マルコは明らかに主君クビライの行動を弁護しているのである。しかし、クビライはたしかにすぐれた帝王であった。
クビライ-ハンはその所有する人民、領土、財宝という点で、古今東西を通じて他に比類のない最強の大王であって、驚異的な権力の持ち主であったと、マルコは熱っぽく語りはじめる。

クビライは肉づきがよく、中背で、手足の均整はとれていた。また顔色は白皙《はくせき》であるが赤味を帯びており、眼は黒く、鼻もずっしりと格好がよく、容姿は端正であった。マルコはクビライに伺候することが多かったから、クビライの容姿をよく観察できたはずである。しかし、クビライの容貌や体格は理想像として描かれすぎてはいないであろうか。北京の故宮に二枚のクビライの肖像画なるものが伝わっており、一枚は威厳を帯びた壮年期の肖像、一枚は老年期とおぼしき柔和な顔貌を示していて、二枚ともひげとあごひげを生やしている。マルコはひげについては何も語っていない。クビライの容貌についてのマルコの描写が果たして写実的であったかどうかは疑わしい。

クビライは四人の正式の皇后（元朝史料では七人らしい）の他、多数の妃妾を持っていた。これらの妃妾はチンギス-ハンの時代から、モンゴル族のなかのオンギラート部族から採用される伝統となっていた。時おり、大ハンの使者が美女を出すことで有名であったオンギラート部族へ出向いて、一定の規準で美女を多数選抜してハンの宮殿へつれて行き、さらに厳重に審査し、あらゆる点で欠点のない娘を選んでハンの宮殿の大奥に入れて奉仕させるのである。このような妃妾の他にクビライの宮殿には、多数の女官・宦官《かんがん》、男女の奴僕《ぬぼく》など一万人にのぼる宮人がいた。マルコは西洋人でありながら、クビライの妃妾についてはさしたる抵抗も感ぜず、客観的に描写している。だが、マルコはクビライの飲酒癖、趣味など、個人的尊厳に関する事柄については筆を取ろうとしていない。

クビライは四名の正皇后との間に二一人の皇子をもうけたが、皇太子ジンギムが死んだのでその子のテムル（のちの成宗皇帝）がクビライの後嗣に定められていたことをマルコは確実に記録している。四名の正皇后の生んだ諸皇子のなかの七人は元朝の諸地方に領地を持ち、いずれも聡明な人物であった。それはかれらの父クビライが「極めて賢明で、すばらしい才能を備え、立派な人物で、タタール人のなかで最も優れた偉人であったからである」とマルコはクビライを最大級に讃美しているのである。

❖夏の都上都

クビライは二つの帝都、すなわちシャンドゥ（上都）とダイトゥ（大都）に宮城と宮殿を構えて住んだ。ダイトゥはハンバリク（ハンの都市の意味）とも呼ばれ、元朝さらにはモンゴル帝国の事実上の首都であり、シャンドゥ市は夏の避暑宮殿のあるいわば副首都であった。マルコは主君クビライの宮殿については詳しく語っている。

上都は今の北京の北方約三五〇キロの内モンゴル草原の灤《らん》河の付近にクビライが一二五六年にはじめて築いたもので、開平府《かいへいふ》と名づけられ、ついで上都と改名されたのである。その遺跡は近代のドロンノール付近に残っている。一二七四年、元朝に着いたマルコとポーロ兄弟は直ちにシャンドゥの宮殿でクビライに謁見したはずである。「この都市に、クビライは大理石などで造った壮麗な宮殿を持っていた。この宮殿の広間と部屋はすべて黄金で塗られていて、鳥獣の画、樹木花卉《かき》の絵で飾られている。それはまったく華麗で善美を尽くした素晴らしいものである。この宮殿は城郭の内に建てられており、その一辺が都市の城壁に接している。その面から外側に向かって一六マイル以上の別の牆壁《しょうへき》が伸びていて、多くの泉、小川、牧場のある広大な地域を囲んでいる。このいわば外苑へは宮殿からでないとはいれない。この苑内にハンはあらゆる種類の動物、すなわち牡鹿・黄鹿・小鹿を飼っている。これはクビライがそこの鷹籠《たかかご》のなかに飼っている隼《はやぶさ》と鷹の餌《えさ》にするためである。」

「その牆壁で囲われた苑の中央部にみごとな森があり、そこに大ハンは全部を竹で造った別の大きな宮殿を建てた。それは黄金とうるしを塗って仕上げた美しい柱で建てられており、それぞれの柱の上には大きな竜が彫られていて、その尾は柱を巻き、その頭は天井を支えている。……大ハンは一年のうちの三か月、すなわち六、七、八月をこの宮殿で暮らす。大ハンがこの季節に住むのは、そこが涼しくて、非常に快適であるからである。この三か月の間、竹の宮殿はそのままそこにあるが、その他の季節には解体される」。「竹の宮殿」とは竹を編んで造る天幕、すなわち遊牧民の住居であるモンゴル包《パオ》を原型とした大規模な帳幕式宮殿のことで、クビライとその後裔の元朝皇帝は夏には避暑のためハンバリクの宮城から上都へ移動し、木造の宮殿（大安閣という）に住むとともに、好んでこの「竹の宮殿」で日常生活を送ったのである。

❖首都ハンバリク

クビライは一二六四年に、現在の北京の地に当たる中都（もとの金朝の首都）を首都に定め、ついでそのすぐ傍《かたわ》らに新しい首都を造営し、これを大都（ダイトゥ）と呼んだ。モンケ＝ハンの時代はモンゴリア高原のオルコン河畔のカラコルム城が帝国の首都であったが、今や大都が帝国ならびに元朝の首都となり、カラコルムは軍事上の一地方都市となった。マルコはカラコルムについては二、三行記すのみで、かれがその地を実際訪れた形跡はない。マルコとポーロ兄弟は元朝滞在中の大部分をハンバリクと呼ばれる大都でいっしょに住んでいたにちがいない。だが、マルコは自分たちの住所を明らかにしようとしていない。これもマルコ＝ポーロの謎のひとつである。

大都ハンバリク城内に皇城があり、この皇城内に宮廷の正殿である大明殿、皇帝の私殿たる延春閣、さらに皇太子・皇太后の宮殿があった。いずれも碧琉璃瓦《へきるりかわら》・緑琉璃《りょくるり》瓦・白磁《はくじ》瓦をもって屋根を葺《ふ》き、建物の内外部を問わず、金銀玉石、朱丹と白磁、珍奇な財宝で飾られた豪華の限りを尽くした結構であったことは元朝の文献からも知ることができる。皇城をふくむ大都の内城は現在の北京市の北海公園をふくむ一帯の区域であった。しかし、文献は限られ、しかもハンバリクの遺跡もほとんど発掘されていないので、ありし日の姿は明らかにされていない。その意味でマルコのハンバリクに関する記録は珍重するに足りよう。

マルコは大都ハンバリクをつぎのように描写している。「大都は周囲二四マイルの城壁をめぐらせており、城壁には一二の城門が設けられている。城内の街路は直線に造られ、主な街路の両側にはいろいろな露店と商店がある。大ハンは城内に大きな宮殿を持ち、一年のうち、一二月、一月、二月の三か月間、ここに滞在する。宮殿は真四角であって、宮城壁のなかにある。この城壁は周囲が四マイルであった。皇帝の宮殿（すなわち大明殿）の広間と部屋はことごとく金銀で蔽《おお》われ、獅子・竜・獣・騎士などの画が描かれており、宮殿の四隅には大理石の階段があり、すべてが驚異であった。宮殿の屋根はすべて赤・緑・青・黄の各色で、巧みな釉薬《ゆうやく》が施されていた。皇帝の私邸（すなわち延春閣）の各室には金銀・宝石・真珠の器がおかれ、皇帝の夫人や妃妾たちが住んでいた。芝生と庭園には白鹿・栗鼠《リス》・貂《テン》などが放し飼いにされていた。庭園内には大きな、深い、美しい湖（すなわち太液池）があり、魚がたくさん泳いでいた」。

「ハンバリク城の内外には非常に多くの家屋と住民があり、各門外の区域の人口は城内の人口よりも多かった。城外一マイルの範囲内に数多くの商館があって、各地の商人、外国の貿易商人が滞在していた。各種族ごとに商館があり、たとえばロンバルディ商館、ドイツ商館、フランス商館というようになっていた。郊外には偶像教徒、キリスト教徒、イスラム教徒ごとの火葬場と墓地があった。この都市へは世界の各地から、非常に貴重な、そして高価で珍しい品物が集まるが、なかでもインドの宝石と真珠と絹、香料はもっとも高価なものであった。また、大都と中都の郊外には合わせて二万人もの娼婦《しょうふ》がいたが、これを見てもハンバリクの人口の多いことが察せられる」。ハンバリクの人口の正確な数字は明らかでないが、諸般の事情から見て数十万ないし一〇〇万近くは数えたと推測される。数十万と言えば今でも大都会であり、当時にあっては世界一の大都市であった。しかも、西欧人、ペルシア・アラブ・トルコ・アルメニア・ユダヤ出身の人々も雑住していた国際都市であった。ポーロ一家、とくにマルコがこれらの異国人と接触し、情報を得ていたことは確実と思われるが、そのようなことは何も伝えられていない。

元朝で新しく造営した大都の南半分はのちの明朝・清朝および現代中国の北京市の内城地区に当たり、近代北京市の起源はクビライ=ハンに始まる。大都ハンバリクの遺構、遺跡、遺物はほとんど解明されていないが（中国で目下研究中）、マルコは現代北京の起源と最も縁故の深い西洋人だったのである。あとで述べるようにマルコ=ポーロのあとを追うように一三世紀末から一四世紀半ばにかけて、カトリックの宣教師・修道士たちは布教のため、このハンバリクを訪れ、元朝とローマ教皇とを結びつけたのである。

❖クビライの大宴会

マルコはクビライの催す大宴会や祝賀宴のありさまを詳細に描写することによって主君クビライの偉大さ、豪華さを強調しようとする。宮中の宴会場では、クビライは一般の参加者よりも一段と高い席を設け、北側に正坐して南面する。かれの左側には第一皇后が坐し、右側は一段低くなっていて、皇子、皇孫、皇族が列座する。皇太子の席はこれらの者よりもやや高めに設けられている。以下、一段と低い席に重臣・武将及びかれらの妻の席があるが、大部分の臣下は広間の毛氈《もうせん》の上に坐って食事をとる。参加者が多いので、広間の外にも多数の人が席をとって食事をとる。なお、高官や有力な将軍も第一夫人を同伴しないかぎり、この宴席に参列することができないことになっていた。

宴会場にあてられた大広間の中央には、金属で鍍金《ときん》して細工を施してある大きな木箱がおかれる。その木箱の中央部のくぼんだ箇所に葡萄酒をなみなみと満たした黄金製の容器が据《す》えてあり、その箱の四隅には小型の容器がついていて、それぞれクミーズ（馬乳）、ラクダ乳などがはいっていた。この箱の上にハン専用の盃が数箇並べられている。黄金製の大型容器は二人に一箇の割合で食卓上に並べられていて、各自は黄金の盃で酒を汲んで飲むのである。ハンの所有するこれら金銀製の容器や盃は莫大な数で、その値打も大変なものである。さて、ハンが盃を挙げると、宴会場に設けられた多種多様な楽器がいっせいに奏楽される。料理は非常に豊富で、とても筆では言い尽くせない。食事が終わると、奇術師や曲芸師が登場して、驚異に値する様々な芸を演ずる。

クビライ＝ハンの誕生日にも盛大な祝宴が行われる。モンゴル人は一般に誕生日を祝う習わしを持つが、クビライの誕生日は九月二八日（一二一五）であるので、この日には盛大な宴会が各地で開かれる。誕生日の祝宴にはクビライは錦繡《きんしゅう》の礼服を着用し、一万二〇〇〇人の重臣・将軍も絹の衣服を着て参列する。これらの衣服は毎月挙行される祝典ごとに臣下に下賜《かし》されるのであるから、ハンの財力たるや驚嘆に値するものである。また、この誕生日にはモンゴル帝国の一族や臣属国からそれぞれの身分に応じて莫大な献上品がハンのもとへ贈られる。ハンの誕生日には偶像教徒、イスラム教徒、キリスト教徒らが聖歌を唱和し、香を焚《た》いてそれぞれの神仏に向かってハンの万歳と幸福とを祈禱《きとう》する。

ハンが挙行するもう一つの盛大な祝典は元旦節である。太陽暦二月に当たるモンゴルの新年元旦には、ハン以下モンゴル人のすべては原則として白い衣装を身につける。臣下や諸国からハンに金銀・宝石などを献上するほか、白馬十万余頭も献上することになっている。元旦の朝、諸王侯・貴族・将軍・一般官吏・占星術師・医師たちが宮殿の広間に参内し、ハンの御前に進み、参賀して、拝礼し、叩頭《こうとう》するのである。ついで式部長官は祭壇の前に進み、壇上におかれたハンの名入り紅色の牌と香炉に焼香し、参列者も同じく焼香し、儀式を終える。ついで、新年宴会が盛大に開かれる。

マルコはかれも出席したにちがいないこれらの大宴会の実状を詳しく述べるなかで、自分の仕えたクビライ−ハンの偉大なる権力、財力、鷹揚《おうよう》なる恩賜、帝国各地からの朝貢について語り、クビライを讃美し、かつ、マルコ自身の誇りとするのである。

元朝の繁栄

❖偉大な駅伝制度

クビライの官吏としてマルコは首都ハンバリク市から各地へ走る多数の公路と、この公路上に配置されている駅伝・宿場の完備した姿と機能に注目している。すでに述べたようにハンバリク市の城内・城外には数えきれないほど夥《おびただ》しい住民が住んでいて、商業市場として、元朝本土からはもちろん、インドからも多種多様の高価で珍奇な物資、宝石などがもたらされていた。マルコは「毎日、ハンバリクに車一〇〇〇両に載せた絹糸が持ち込まれ、市民はこれを材料として莫大な量の金襴《きんらん》・緞子《どんす》が織造される」と言っている。また、ハンバリクの周辺に遠近まちまちであるが二千有余の都邑《とゆう》があって、ハンバリクと商取引をしているとも言っている。このハンバリク市は多数の公道によって中国の各地と結ばれ、政治上、軍事上、商業上、重要な役割を果たしていた。とくに重要なのは駅伝制度である。この駅伝・駅馬のことを広くジャム、その管理官をジャムチ（漢文では站赤）と言い、元朝の文献にも詳しい記録があるが、その目撃者であり、恐らく利用者でもあったマルコの記事は貴重なものである。ハンの使者がハンバリク市を出発して公道を二五マイル進むと、一区間の駅路の終点にくる。この終点をヤンブと言うが、これは駅馬の宿駅の意で、ここには立派な旅館があり、また、多数の駅馬が常備されている。ハンバリクから国内各地へ走る主要幹線道路上の二五〜三〇マイルおきにこのような宿駅があり、さらに高麗《こうらい》、ティベット、中央アジアにもこのような宿駅が設けられている。

このような制度があるため、ハンの使臣たちはどこへ行っても宿舎と駅馬が用意されているので、旅行や使命の達成に不自由しないのである。この事実こそ、古来のいかなる帝王もなし得なかった偉大さを示す証拠であり、全く驚嘆に値する事柄であって、とくに宿舎の豪奢さは筆舌では尽くせないと、マルコは主君クビライを讃える。このような皇帝に仕えたマルコは自分の名誉であると言いたいのである。さらに、マルコはこの駅伝制度のなかに特別の急使便、飛脚人《ひきゃくにん》があることを特記している。すなわち、各駅間の三マイルごとに飛脚人がいて、大ハンあての通信文書を特別至急便で運ぶ。これだと、一〇日行程の距離を一昼夜で走りすぎるという。飛脚人は革帯をしめ、これに多数の鈴をつけて走る。この飛脚人を元朝文献では急遞鋪《きゅうていほ》人と呼んでいる。

マルコはまた、このような夥《おびただ》しい数の宿駅の義務を負担するには莫大な数の人民を必要とし、また、かれらはいかにして生活しているのであろうかと自問し、こう自答している。つまり、中国人は多妻制のため、子供の数が多く、これが人口を多くしていることを挙げ、西洋では一夫一婦制だから人口がふえないのだと、ちらりと中国文明の一端を批判し、ちょっと中国人を見くだしている。さらに中国人やタタール人の穀物生産量が豊かで家畜も多く、米・ヒエ・アワに乳や肉をまぜて料理する粗食であり、人口がふえても食糧不足をきたさないのだと理由づけている。マルコの説明の当否はさておき、中国の人口が膨大であって、しかも食糧不足を招かないことについて、マルコはここで中国社会論を展開したといえる。

❖完璧な通貨制度

マルコは元朝に来てみて、この国には通貨として紙幣が全面的に流通していることに驚く。中国の紙幣は宋代に始まり、交子《こうし》と呼ばれ、遼金両朝下でもかなり使用されていた。元朝ではクビライの即位とともに、一二六〇年に交鈔《こうしょう》という紙幣を発行し、金銀の民間使用を禁止した結果、交鈔は完全な管理通貨として元朝一代を通じて流通したのが実状であった。マルコがこれに驚かないわけはない。「ハンバリク市には造幣局があって、その実態を観察すれば、ハンが最高の錬金術師と称しても誤りではないことがわかる」とマルコは説きはじめている。

マルコによれば紙幣の製造法はこうである。まず、桑の樹（とくにコウゾ）の樹皮を剝《は》ぎ、この樹皮と幹との間にある薄い皮をむきとり、細かにちぎって、膠《にかわ》を加え、糊のようにつきまぜて、これを紙状の薬片に引き伸ばす。この薄い片は黒色を呈している。これがつまり紙片である。これを種種の寸法に切るが、どれも上下に長い長方形をなす。小片から大片に進むにつれて額面の価格は高くなる。一二六〇年に発行された中統元宝交鈔に例をとると、額面は一〇文《もん》・二〇文・三〇文・五〇文・一〇〇文・二〇〇文・五〇〇文・一貫文（一〇〇〇文）・二貫文の九種であって、紙幣二〇〇〇文が銀一両という法定比価と定められていた。これらの紙幣にはハンの印璽《いんじ》が押されたうえで発券される。これを偽造すれば死刑に処せられる規定であった。政府が一切の支払いをこの紙幣ですませ、領域内に流通させ、受けとらない者は死刑となる。金銀をふくめてあらゆる物品をこの紙幣で買うことができる。われわれはマルコもこの紙幣を使って日常生活を送っていたと十二分に想像することができるのである。

紙幣の流通、使用についてはいろいろな規定が設けられていた。長く使用された紙幣が破れたり、磨滅したような場合、これを造幣局に持ち込んで、新紙幣と交換できるが、このさい三パーセントの手数料をとられる。また、金銀で器物を作りたい場合は、紙幣でもって金銀を購入するのである。また、隊商や外国商人が金銀・真珠・宝石・金銀の刺繍《ししゅう》織物などを携えてハンバリク市へ来ると、この値段を厳正に算定し、紙幣で代価が支払われることになっている。紙幣を受けとった商人はこれを使用して、国内で各種の物品を購入するわけである。いずれにせよ、交鈔、つまり、元朝の紙幣は一三世紀という時代において、完全な通貨機能を発揮し、世界の通貨の歴史において最も完璧《かんぺき》な管理通貨であったことは確実である。

最後に、マルコは「以上でハンがどのような方法で、また、どのような理由から、世界中のだれも及ばない巨額の財宝を所有しているかについて説明したが、なお、これでも言い足りない恐れがあるので、もう一度、こう言い直したい。すなわち、世界中の諸王の富を合わしても、ハン一人の富には決して匹敵できないものである」と、クビライに讃辞を呈している。紙幣のみで財政を運用した元朝当局の政策は巧みではあったが、紙幣の濫発《らんぱつ》によってインフレーションを引きおこし、紙幣の価値が下落することもあった。しかし、マルコはこのような事実については何も語っていない。

❖大動脈の大運河地帯

中国で大運河と言えば、それは主として華北にあった首都の地方と、経済的に重要な南東方地方とくに揚子江（長江）下流域とを連結する水路をいう。中国の大河川は主として東西に流れて黄海と渤海に注いでいるから、揚子江下流域地方から南方の豊富な食糧を政治・軍事上の中心である華北へ安全に運ぶには上述の大河川を南北につなぐ運河の利用が必要となる。そのため、古代から華北にはこのような運河が開削され、隋唐時代にいたって首都長安から黄河を

鎮江市の西門　19世紀中期の図

利用しながら揚子江下流域を結ぶ大運河が開かれ、南北交通運輸の大動脈となった。

元朝のクビライ＝ハンがハンバリクに首都をおくと、この首都と揚子江下流域をつなぐ運輸幹線が必要となり、南北をほぼ直線コースで結ぶ大運河の開削に着手した。元代には黄河は南流河道をとっていた事情もあって、大運河の完成には日時を要した。その結果、ハンバリク市の南郊の通州から南方の直沽（天津）を結ぶ白河、白河と山東省の臨清を結ぶ永済渠《きょ》、臨清から大清河水を結ぶ会通河、大清河水から済州を経由して黄河南流河道の徐州を結ぶ済州河、徐州から淮安、淮安から揚州を結ぶ山陽瀆《とく》、揚州の対岸鎮江から常州、平江、嘉興を経て杭州にいたる江南河が完成し、これらをつなぐとハンバリクから江南の杭州まで連絡する大運河の河道がともかくも通ずることとなった。これはだいたい現今の大運河の原型であるといってよい。この大運河を利用して江南地方の穀物を華北へ運送することを漕運《そううん》といったが、元代でも運河の部分的な欠陥によって漕運のみに頼れず、黄海上を船で運ぶ海運を利用せざるを得なかった。

さて、マルコはこの大運河沿線の公路をいくたびか利用したらしく、ハンバリク市から揚子江下流域を経てはるか南方の福建にいたるまでの旅行路とその路上の諸都市の生活と文化について体系的に述べている。この記録を通じてマルコの中国観の一端に接することができる。大運河地帯ルートの起点はハンバリク市の南約一三〇キロに位置する河北省河間府である。河間府についてもそうだが、マルコは各都市については風俗・産物・都市生活・宗教などの項目に必ず言及し、とくにキリスト教徒の有無についてはとくに注意して情報を集めている。マルコらがローマ教皇庁のために元朝におけるキリスト教事情を調査する意図を持っていたことは間違いない。

河間府から南に進んで、長盧県（河北省滄県）、山東の済寧県、河南の徐州、江蘇の臨清、湖北の淮安州、江蘇の宝応県、南郵県を経て揚子江下流沿岸の揚州《ヤンジュー》にいたる。ハンバリク市から揚子江下流域までの大運河線をマルコが旅行したことは疑いない。揚州は商工業都市で、付近に大部隊の軍隊が駐屯していたが、マルコ自身もかつてクビライの命令で三年間この町の統治にあたったことがあると『世界の叙述』のこの箇所で明記している。これが事実とすれば、マルコは揚州の都市長官のような職にあったことになる。元朝の文献にはそのような記事は見当たらないが、マルコのこの言を無下に否定することもできまい。

揚州のつぎに、マルコは揚子江中流域に位置する安慶（安徽省の懐寧県）、襄陽府（湖北省の襄陽県）の二都市について述べている。クビライの南宋征服作戦にさいして、モンゴル軍が襄陽府を包囲攻撃したが、頑強な抵抗に遭って、約三年間も攻めあぐんだ。しかし、いわゆる回回砲、すなわちアラビア出身のアラー＝ウッ＝ディーンとイスマーイール両人の作製した西アジア式投石機を使って、城内に巨石を投擲《とうてき》し、轟然《ごうぜん》たる音響とともに人家を破壊し、おしつぶして、ついに一二七三年に襄陽城を降伏させたのである。この攻城戦にさいして、マルコは自分がこの投石機を使用することを建言したのであると言明している。すなわち、ニコロ・マッフェオ・マルコの三人はその従者のなかにアラン人（アス族ともいう）とネストリウス教徒がいたので、これに投石機の製作を命じ、これを使用した結果、モンゴル軍は襄陽城を陥れたというのである。しかし、一二七三年と言えばポーロ兄弟とマルコがローマ教皇の使節として中央アジアを東方へと旅行中の時期であり、マルコのこの文は虚偽《きょぎ》と言わなければならない。マルコはちょっと勲功《くんこう》を自慢するため、うそを書いたのであって、マルコの書中の唯一の明白なうそであると言える。

揚州の南二五キロの揚子江岸には真州・瓜洲鎮が、揚子江を渡った南岸に鎮江府があり、その東南三日行程のところに常州がある。常州から東南へ進むと蘇州にいたる。蘇州城は西には太湖、東には石湖を臨む水郷地方の大都市であった。蘇州のすぐ近くに湖州、嘉興がある。

❖商業都市杭州

嘉興から三日行程のところにキンサイという大都市がある。キンサイとは《天上の都市》という意味だとマルコは言うが、これは行在《あんざい》のという語の訛《なま》りであって、南宋朝が一時的な首都という立場から、浙江省の杭州臨安府を行在と呼んだのである。今の地名で言えばまさに杭州である。マルコがキンサイ市について多大のページを割き、生き生きとした情報を提供しているのはかれがこの地をよく知っていたからであろう。キンサイは周囲一〇〇マイル、城内には大街・運河・広場が多く、一方に西湖を控え、他の一方は銭塘江に傍《そ》い、城内には無数の水路・運河が流れ、大部分には石造の一万二〇〇〇もの橋がかかっている。水上・陸上の交通が便利な水郷都市なのである。城内は、主要十街区にわかれており、商工地区では、高楼が肩を並べ、工芸品・食料品・香料・宝石・真珠・酒を販売する店舗が繁昌していた。また、市内には浴場・妓館が多く、娼婦たちが各地からの遊客・商人を相手に、豪奢な暮しをしていた。

キンサイ市内には豪華な邸宅や工匠の館も多く、各地から物資が集散し、胡椒《こしょう》の毎日の消費量は一荷二二三ポンド入りのもので四三荷にも達していたという。工匠たちは同業組合を結成し、その主な一二の組合だけでも一万二〇〇〇の工店、一万二〇〇〇の匠人から成っていた。その他、小さい組合の数は夥しいものであった（組合は行と呼ばれた）。キンサイ市の人口は総計一六〇万戸あったとマルコは言うが、中国資料などから見て一〇〇万人前後はあったようである。ネストリウス教会堂が一座あったこともマルコは忘れずに伝えている。

キンサイ市とその管下の地方は産業と商業が盛んで、経済的な繁栄を誇っていた。キンサイ市の南、銭塘江口の左岸にあるガンフー市（澉浦鎮）は良港であって、インドやその他の地方から商船がはいり、キンサイ市まで溯ることができたので、外国貿易も繁栄した。マンジ（蛮子、すなわち江南）地方は経済的に豊かで、福建・広東地方にも大都市や商港が少なくないが、キンサイ市はそのなかでも一、二を争うほどの地位にあった。したがって税収は莫大なものであって、その税源は塩・砂糖・香料・酒などであった。塩は沿岸地区で生産され、砂糖は江南地方に産する甘蔗から精製され、香料は概して船載されてきた輸入品であった。これらの税課の総額は黄金二一〇トゥメン（トゥメンは一万）、すなわち黄金一四七〇万サッジ（サッジは一フローリン金貨）となるという。キンサイ地方は江南地方の九分の一にすぎない地方だが、それでもこれだけの莫大な税収があるのだから、クビライ＝ハンが江南全域から徴収する税額のほどが推測されようと、マルコは偉大な皇帝クビライを讃える。

キンサイ市ではマルコは風光明媚な銭塘湖の舟遊びを楽しんだ。湖上の二つの島には豪華な殿閣があって市民は宴会を開くし、また、回遊船や小舟に乗って湖上に清遊《せいゆう》し、湖畔の寺院・道観・殿閣、うっそうたる樹木を眺めながら、異国情緒にひたったのであった。

❖海外貿易港泉州

　杭州から南下して福建行省（行省はのちの省）へはいり、まもなく、その首都の福州へ着く。福州の一辺に閩江《びんこう》が流れ、また、この地方の風物もしだいに南方的となってくる。マルコは自分が叔父のマッフェオとともにこの都市に滞在したことを明記しているが、これはマッフェオがマルコといっしょに行動した一証でもある。かれらはこの地でキリスト教徒の調査をしたが、これはどうやらマニ教徒であった。さて、福州をたって東南方へ五、六日の旅をするとザイトンという大きな海港都市へ着く。

　ザイトンは福建省南東部、泉州湾の奥の晋江の左岸にある泉州という都市の異称である。ザイトン（刺桐）というのは海桐科の植物の一種で、春から夏にかけて紅花を開き、泉州にのみ繁茂することから、この都市に往来するアラブ商人や西域人が泉州をザイトンと呼ぶにいたったものである。泉州は、七、八世紀ころ、中国唐代中期から西域商人が通商のため、南海を経てさかんに来ていた。宋元時代もインド・西アジアとの海上交通の東の門戸として繁栄しており、イスラムやネストリウス教の花も開いた。マルコによれば、宝石・真珠などを積んだインドの商船が泉州港に続々とやって来て、ここに陸揚げされた商品は江南の各地へ送られ、その取引商品量はアレクサンドリア港の一〇〇倍にも当たると言ってよく、その貿易額から見て、ザイトン港は世界の二大海港の一つだと断言してよいと力説している。このザイトン市及び海港は莫大な額の商税と関税をハンに納めている。インド商船のもたらす商品・宝石・真珠は輸入税すなわち関税として価格の十分の一を徴収され、さらに商税として各種の物資に三〇～四〇パーセントの率で課税される。それでも外国商人は莫大な利潤があがるので、貿易を続けることを希望するのだという。福建からの税収はキンサイ地方を別として、元朝では最高の額を占めているが、これはザイトン港からの莫大な税収によるのだとマルコは結論する。ここでも、クビライの財政の豊かさをかれは強調するのである。

❖不正確な中国人観

マルコが中国人・中国文化じたいについて語っている部分は相対的に僅少である。中国文化はマルコにとっては極めて異質的なものとうつり、モンゴル・ペルシア・トルコの諸語を知っていたのに反して中国語をほとんど解していなかったようで、そのため中国文明の理解度は高いものではなかったと言える。元朝の行政ではペルシア語、モンゴル語が通用し、中国語を学ぶ必要はなかったのである。マルコは中国人のことをカタイ人と呼んでいる。カタイとは契丹(キタイ)の訛った語であって、元朝では主に華北の中国人を指し、これに対し、江南の中国人は蛮子《ばんし》(マンジ)と呼ばれた。もちろん、カタイは広義には元朝支配下の中国全部を指すのにも用いられた語である。

マルコによれば中国人は学問を好み、学識があり、性格も良く、いかなる国民よりも優秀であると見ている。マルコは中国人が多弁であることに閉口したとも言っている。中国人は礼儀正しく、人づき合いがよく、親孝行である。中国人はすべて偶像教徒であって、肉体的快楽にのみ耽《ふけ》り、良心や魂の問題は全く気にかけない。これがマルコの総論であり、かれはキリスト教倫理の立場から論じているといえる。マルコの言う偶像教は仏教と道教を指し、ときには両者を混同している場合もある。マルコによると、人間は死ぬとすぐ他の肉体に宿って転生する。生前の行為の善悪いずれかに従って、貴婦人の胎に宿って誕生し、しだいに身分は向上するか、農夫や犬など、下等なものにつぎつぎと転生して行くかするというのである。

つぎに、中国人がその神々を礼拝するやり方についてマルコはこう観察している。すなわち、各人は家庭の居間の壁に最高の位にある神像をつるしたり、神の名を書きつけたものを壁にかけたりして、毎日、これに向かって焼香し、両手を高くさしあげ、歯を三度叩きながら、福禄寿に富んだ生涯が授かるよう祈る。これは多分、日常、道教の神々に祈る有様を示しているのであろう。

マルコは大運河地帯の各都市では、住民が偶像教徒であって火葬の風習を持ち、かつ、紙幣を使っていると、決まり文句のように語っている。マルコはカタイ人の風習として偶像教徒についてまとめた意見を展開している。すなわち、偶像教徒は総計八四体の偶像を奉じ、それぞれの偶像には名称がつけてあり、また、それぞれ効験《こうけん》や能力を持っている。たとえば、紛失物の所在について御告げを下したりするという。マルコ自身、自分の紛失した指環を偶像からの御告げで発見できたと真面目に言っている。マルコの言う偶像とは仏教・道教、その他の民間俗信の対象たる各種の偶像であって、偶像教をすべてごったまぜにしている。マルコは寺院・道観を訪れて多種多様の怪奇な偶像を見、また、話も聞いたにはちがいなかったが、中身をよく理解せず、どちらかと言えば低級なものと考えていたことは明らかである。これは言葉の関係も大いに手伝っていたにちがいない。その他にもマルコは万里の長城、茶、纏足《てんそく》、書物、漢字については全く記していない欠陥がある。マルコは中国語をほとんど知らず、中国文化・思想には全く暗かったのである。

マルコの中国女性観は興味がある。中国の乙女は貞淑《ていしゅく》、謙譲であって、おしゃべりやダンスに耽《ふけ》ることはなく、窓ぎわで通行人に顔を見せたりするようなことは絶対にしない。外出するときは母親に同伴され、うつむきながら歩き、目上の人にはへりくだり、無駄口をきかない。男子の青少年も年長者の前ではへり下り、自ら話をもちかけない。マルコのこの記事を読むと、女性にたわむれることの好きなイタリア人から見て、中国の乙女たちは箱入り娘のように見えたのであろう。結婚にさいしては娘の純潔性が確認されねば結婚契約は無効になり、その場合、娘の父親は罰金を支払わねばならないという。中国には繁瑣《はんさ》な結婚儀礼があったが、マルコはこれについての見聞を不正確に記しているのである。

周辺の諸国

❖雲南への足跡

マルコはかつてクビライの使臣として、約四か月間、中国の西部地方から雲南・ビルマへかけて旅行をし、その見聞を記録した。かれの行動範囲と観察力はきわめて興味深いものがある。マルコはハンバリク市を出発し、郊外のプリーサンギン（石橋、蘆溝橋）を渡り、河北の涿州、山西の太原、曲沃を経て南行し、カラモラン（黄河）を渡り、山西の河中府（山西省蒲州）を経て西行すると、陝西の京兆府（陝西の長安）に着く。京兆府より山谷地帯を南西へ進み、興元府を経て四川省の成都府へ達する。マルコはここでティベット地方の風土、動植物、習俗についで述べているが、かれ自身この地方へはいったのかどうか明らかでない。成都の南には建都があり、ここからプリウス河（金沙江を指すか）を渡るとカラジャンすなわち雲南地方へはいる。ヤチ王国は現在の昆明市に当たるヤチ市を首都とするが、この都市は大都会で、イスラ

プリ-サンギン橋　現代の蘆溝橋

ム教徒・偶像教徒のほか、少数のネストリウス派がいた。この地では米を常食とし、醸造酒を飲み、子安貝《こやすがい》を貨幣の代わりに使い、塩井から塩をとっている。ヤチ市には周囲が一〇〇マイルの滇池《てんち》という大湖があり、多種多様の魚がとれる。

ヤチ市の西方、一〇日程の地はカラジャン王国すなわち大理国の地で、その首都も大理という。この地の川から砂金が採れ、山地からも大きな金塊を産し、なかなかの産金地である。この地には巨大で獰猛《どうもう》な大蛇がおり、昼は地中に潜み、夜、餌を求めてはい歩き、河や湖泉に出没して水を飲む。これを捕獲するのは一苦労であるが、その肝は難産や腫れ物に効くので高価に売れるという。マルコの言うこの大蛇はワニのことらしい。

カラジャンの西、五日程にして、ザルダンダンという地方に着く。その首都は永昌である。住民の男子は歯に黄金をかぶせる風習があるので金歯蛮、金歯国と呼ばれ、ザルダンダンとはペルシア語（マルコはペルシア語通だった）で「黄金の歯」を意味する。また、男は両腕・両脚のまわりに環状、帯状にいれ墨をする風習がある。

緬（ミエン）国王の宮殿　近代の図

カラジャンから南方へ、大傾斜地帯と険阻な地方へ旅するとミエンという都市に着く。これはミエン王国の首都であり、大都会である。ミエンは緬《めん》すなわちビルマであり、ミエン市はイラワジ河の中流に位置する今のパガン（蒲甘）市である。この都市には黄金で造られた塔と白銀で造られた塔があり、世界中でも比類のない壮観を呈し、太陽の光にふれて輝きを放っていたという。住民は偶像教徒（これはビルマ仏教徒）で、固有の言語を持つが、重要なことはかれらがクビライに臣属していることである。実は一二七二年に緬国王は金歯蛮の地方へ侵入したので、クビライは大理、永昌地方へ軍隊を派遣した。ところが、緬国王は二〇〇〇頭の象を集め、これに櫓《やぐら》を据えて、それぞれに十数人の兵を載せ、騎兵・歩兵をあわせて四万の大軍をもってクビライ軍を迎え、はげしい戦闘が行われた。クビライ軍の戦馬は象軍を見て恐れおののいたが、クビライの軍隊は敵の象に一斉に矢を放ったので象は矢傷を負って混乱し、結局、クビライ軍は勝利を収めたのである。この戦闘ののち、クビライははじめて多数の象を飼うことになったという。元朝軍と緬軍との戦争に関するマルコの記事は詳しくて興味深いが、マルコが実際にビルマ領内に赴いたかどうかは明らかではない。なお、マルコは大バンガラ地方（ベンガル地方）、カウジグゥ地方（卞瓦。ラオス北西部か）、アニウ地方（雲南の阿寧）についても一言ふれている。

❖黄金の国ジパング

ジパング、つまり、日本国である。マルコ＝ポーロと言えばジパングを想起する。日本国の名はジパングという形でもってはじめて中世末のヨーロッパ読書人たちに紹介されたのである。マルコは「南海経由の帰国航路」の部でジパング島についてかなりの記事を載せている。「チン海（シナ海）やジパング諸島は我々の帰路からはずれた非常に遠い地域であり、わたし自身もまだ親しくそこへ赴いたことはない」と述べているとおり、マルコはジパング島へ来たことはなかったのであり、かれは元朝において伝聞によって記事をまとめたのである。とはいえ、元寇のこともふくめて日本に関するマルコの記事はきわめて興味深い。

ジパングは大陸の東方、一五〇〇マイルの大洋中にあって、非常に大きな島である。これは独立国をなし、自分たちの国王を戴いており、その住民は礼節の正しい優雅な偶像教徒である。この国ではいたる所に黄金が見つかるから、国人はみな莫大な黄金を所有している。大陸から日本へはだれも、商人でさえも訪れたことはないので、豊富な黄金は国外へ流出することがなかった。この国の国王の一つの大宮殿は実に純金ずくめでできている。この宮殿の屋根はすべて純金で葺《ふ》かれている。宮殿内のもろもろの部屋の床も、指二本幅の厚さの純金をもって敷きつめられている。さらに、広間も窓も、すべてが黄金造りである。したがって、この宮殿の値打を報告しても、だれも信用はしまい。このように、マルコは黄金のジパングについて熱っぽく書きたてている。実際、中世の日本は砂金の産出国として、あるいは輸出国として東アジア世界において知れわたっていた。奥飛騨《おくひだ》の白川郷などは当時有数の砂金産地であった。宋元時代に日本から大陸に輸出された物資として、金子・砂金・金銀蒔絵《まきえ》箱などがあり、大陸からの輸入品に対する交換物資として日本の金銀が絶えず中国に流出していたのであり、これに対して宋の銅銭が大量に日本に流入したことも周知の事実である。いずれにせよ、江南の中国商人にとって日本が産金国として印象づけられていて、マルコはそのような情報によって黄金のジパングを強調したにちがいない。

また、日本では多量の真珠を産し、とくにバラ色の丸い大型の真珠はとくに美しいという。日本では火葬と土葬が並び行われるが、土葬に際しては一粒の真珠を死者の口にふくます慣習がある。日本では真珠の他にも多種多様の宝石を産し、実に富める島国であるとマルコは絶讃している。

マルコはジパング諸島に住む偶像教徒について、かれらはマンジ（江南地方を指す）やカタイ（華北を指す）の偶像教徒と同じ系統に属すると述べている。偶像教といえば仏教のことを指すが、それではいかなる仏教であったのか。かれらは牛・豚・犬・羊その他の動物の頭をした偶像を崇拝している。一頭で四面の偶像もあり、頭が三つの偶像もある。また、腕が四本、一〇本、一〇〇〇本もある偶像もあり、とくに千手を具《そな》えた偶像は最高の位を占める（千手観音仏か）。マルコは二、三種の仏像について述べているのであって、鎌倉仏教、仏寺などもちろん知ったことではなかった。偶像教徒の生活は出鱈目《でたらめ》と悪魔の術の連続にすぎず、その詳細を見聞きすることはキリスト教徒にとって重罪に値するから、こういう話はもうやめたいと、マルコは偶像教について嫌悪感を示している。ジパングの偶像教（仏教）に関する記事はほとんど伝聞の域を出ず、中国の偶像教から類推して記したにすぎない。だから、マルコのこの部分の記事は役立たない。なお、ジパング諸島の偶像教徒は自分たちの仲間でない人間を捕虜にし、もしその捕虜が身代金を支払わないと、これを殺して、その肉を料理して会食すると、マルコは書いているが、信じ難いことである。

❖元寇物語

元寇といえばクビライを想いおこし、鎌倉武士を思いだし、神風が念頭に浮かぶ。騎馬民族

元寇　　蒙古襲来絵詞より

日本列島征服説はいざ知らず、古代から外敵の侵入を受けることのなかった日本列島にとって元寇すなわちモンゴル侵寇はただ一度の外敵ショックであった。元寇については日本・朝鮮・元朝の資料によってかなり詳細が知られているが、マルコも「ジパング島」に関連して、興味ある記事を残している。なお、文永の役のおこった一二七四年の夏にマルコが元朝へ到着したことをここで指摘しておきたい。

マルコによると、「クビライはジパング島の無尽蔵の富を伝え聞いて、武力をもってこれを征服しようと決意した」と説きはじめている。実際は、クビライの日本遠征の目的は南宋を討滅するために、日本を友好国に引き入れようとしたのであり、日本招諭《しょうゆ》の使者が無礼に取り扱われたことを怒って、クビライが日本膺懲《ようちょう》の使を出したというのが通説である。しかし、クビライが日本における産金について知らなかったわけではない。

以下、マルコの元寇物語を要約してみよう。二人の将軍に率いられた遠征軍は南シナ海岸のザイトン港とキンサイ港より大艦隊に搭乗《とうじょう》して出帆し、ジパング島に到着し、上陸したが、都市を一つも攻略できないでいるうちに災難がふりかかってきた。それは二人の将軍がいがみ合っていたためであった。つまり、ある日、大暴風が吹き荒れたために、遠征軍をのせた船団の大部分は難破し、付近の孤島に上陸できた三万人の者が助かったという。しかし二人の指揮官は意見の対立から将校たちだけしか助けられず、大部分の兵卒を置きざりにして帰国の途についたのである。マルコが述べているこの日本来襲は一二八一年の弘安の役のことであるが、その詳しい経過はここでは省きたい。

さて、孤島にいのちからがら上陸して九死に一生を得た三万の軍士たちの運命はどうであったのか。マルコはつぎのように述べる。孤島上の三万の元朝軍士は脱出の望みを絶たれたことを知り、絶望状態のなかで露命をつないでいた。ジパング島の領主や住民は敵軍の潰散《かいさん》に喜び勇んで孤島へ押しかけ、先を争って上陸した。かれらは敵兵をことごとく生け捕りにしようと企てたのである。ところが三万の残存軍士は敵軍が押しよせて来る裏をかいて、孤島のふちをつたって敵の乗り捨てた船のつながれている場所へかけつけ、敵軍に発見されることなく、三万人全員が船に乗り移ったというのである。

敵船つまり日本船に首尾よく乗り移った元朝軍（大半は中国、高麗の兵士だが）は孤島をはなれてジパング本土へ漕ぎつき、ここに上陸し、ジパング国王の旗と船旗をかかげて本島の首都に向かって進軍した。住民たちはかれらを自国軍ととりちがえ、城内に入れてしまった。城内には老人しか残っていなかったので、元朝軍はこれを完全に占領することができた。日本軍はあわてて引き返し、この都城を包囲し、七か月の攻防戦が続いた。こうなっては敵地で包囲された方が負けである。籠城《ろうじょう》軍とクビライ－ハンとの間の連絡はまず至難事であった。籠城軍はとうとう降伏した（一二八二）。

クビライ－ハンのジパング島遠征はこのような経過で失敗に終わったが、クビライは遠征軍の指揮官の一人を斬首刑に処し、もう一人を無人島への流刑に処した。その後この流刑にされた重臣もなぶり殺しにされたという。クビライがこの二人の将軍をともに死刑に処したのは、かれらが任務を完うできなかったからであるとマルコは指摘している。しかし、日本進攻の失敗は実際にはクビライの作戦の失敗であったのであるが、忠臣マルコはここでも主君を弁護し、重臣二人の罪を強調することによってクビライの名誉を守ろうとしているのである。

マルコはこの遠征に関する一つの興味あるエピソードを記している。ジパング島のある町で、ジパング兵士の一隊がクビライの二将軍に捕われた。かれらは降伏を拒否したので両将軍はかれらをつぎつぎと斬首したが、そのなかの八人はどうしても首が斬れなかった。かれらは腕の内側の皮膚と肉との間に一個の石をはめこんでおり、この石には魔法がかかっていて刀ではどうしても殺せなかったのである。そこで両将軍はかれらを撲殺《ぼくさつ》しようとしたところ、今度は魔法の石の効力があらわれず、かくて八名を首尾よく殺すことができたという。両将軍は死者の腕からこの石をとり出して秘蔵したという。当時の日本にこのような魔法の石があったかどうか、真偽のほどは分からない。

すでに述べたように、日本史上の元寇は一二七四年の文永の役と一二八一年の弘安の役の二度のモンゴル来襲のことである。元朝軍の大部分は南宋と高麗の兵士であって、モンゴルの将卒は指揮官の役目を果たしていた。二回の元寇は鎌倉武士団の必死の反撃と、いわゆる「神風」とによって元軍の大敗に終わり、第三次日本遠征計画も結局は断念され、鎌倉時代日本は幸い、侵略を免れた。元寇については日本の学者の研究があり、マルコの記事はそれらに比べればエピソード的なものである。しかし、マルコ=ポーロがはじめてジパング島についてかくも多彩な記事を書いて一四世紀の西欧読書界に提供した意義は大きいといわねばならない。

(注) 元寇に関する参考文献としては、山口修『蒙古襲来――元寇の真実の記録』一九六四年、桃源社刊。旗田巍『元寇――蒙古帝国の内部事情』一九六五年、「中公新書」版、などがよい。

Ⅳ

未知の世界の見聞録

神々と信仰

❖キリスト教徒を探し求めて

　ポーロ兄弟とマルコがローマ教皇の使節としてクビライのもとへ派遣されたのは、元朝への伝道活動のきっかけを求めようとするローマ教皇の政策に基づくものであった。しかし、ポーロ兄弟自らもクビライにキリスト教への改宗を勧めたことは先に述べたとおりである。さらにポーロ兄弟とマルコは小アルメニアのアイヤース市を出発以来、東方旅行途中の中央アジア各地で丹念にキリスト教に関する情報を集め、元朝滞在中も、帰国の海路上の各地にあってもキリスト教情報に熱意を示した。『世界の叙述』のなかではキリスト教についての情報はイスラムに関するそれよりも幾十倍も多い。ポーロ兄弟とマルコが二四年間のアジアでの生活の間、ローマ教皇のためにアジアのキリスト教徒事情の収集にとくに努めたことは疑う余地はない。

　クビライへの使節行に出発した直後、マルコは大アルメニア・グルジアにキリスト教徒のいることを確認した。モスル市でも多数派のイスラム教徒の他に、ネストリウス・ヤコブ・アルメニア各派キリスト教徒がいて、一人の総主教が聖職者たちをインド、カタイ（元朝中国）、バグダードへ派遣していた。バグダード・タブリーズ両市にもネストリウス、ヤコブ派がかなりの勢力を占めていた。キリスト教徒の奇蹟《きせき》物語・聖者伝もマルコの関心の的であった。たとえばこういう物語がある。

一二二五年にバグダードのカリフは領内のキリスト教徒を忌《い》みきらい、キリスト教徒がその真の信仰の力によって神に祈って二つの山を動かすことができなければ、キリスト教徒はイスラム教に改宗するか、死罪か、どちらかを覚悟せよと宣告した。キリスト教徒はこれを聞いて、大いに驚き、恐怖に襲われた。ところが、主教が「ある靴屋の祈りが山を動かすであろう」という天使の幻を幾度も見たので、ついにこの靴屋に頼んで祈禱してもらうことにした。一〇万人にのぼる全キリスト教徒、カリフの率いるイスラム教徒大衆の環視するなかで、かの靴屋が天に祈ると、山はたちまち崩れはじめ、一マイルほど前方に移動したのである。これを見て、イスラム教徒は驚愕《きょうがく》おく能《あた》わず、キリスト教に改宗する者も多かった。

マルコはこの奇蹟物語を紹介し、以後、ネストリウス・ヤコブ各派キリスト教徒は毎年、一致してこの奇蹟の記念祭を開くことになったが、その他の点ではかれらは互いに敵視し合っていると言っている。教義上ではカトリックであるマルコは諸派東方キリスト教徒をつねに異端視している。

マルコが実際は訪れなかったサマルカンド市におけるキリスト教徒奇蹟物語はあるいはニコロ・マッフェオが入手したものかもしれない。それはこういう話である。「サマルカンド市のキリスト教徒が、この地の国王チャガタイがキリスト教に改宗した（この記事は疑問）さいに、城内に洗礼者聖ジョンを記念する大きな教会堂を建てるため、イスラム教徒が所有していた石材を使って台座を造った。チャガタイの死後、イスラム教徒はこの石材を取り戻そうとした。ところが、奇蹟がおこり、台座の上に据えつけられていた円柱がひとりでに持ち上って、空中に停止し、今もそのままになっている」。マルコはネストリウス派と見られるこの奇蹟物語をかなりの好意をもって記録したのである。

東トルキスタン、ターリム盆地へはいると、まず、その西辺の中枢都市カシュガルでは多数派のイスラム教徒にまじって「少数ながらネストリウス派がいて一座の教会堂を維持してその教法を守っていた」。カシュガル市の東、ヤルカンド市にも少数のネストリウス派がおり、さらに元朝の西辺までくると、沙州では多数の偶像教徒（仏教徒を指す）に伍してネストリウス教徒がいた。沙州の東、粛州と甘州には偶像教徒の他にキリスト教徒がおり、とくに甘州のキリスト教徒は城内に三座のりっぱな教会堂を持っていた。涼州にもネストリウス派に属するトルコ人キリスト教徒がいた。また、青海省の西寧にも若干のキリスト教徒が住んでいた。涼州から東の寧夏中興府（寧夏の首都）のネストリウス派は三座の教会堂を持っていた。天山山脈地方に眼を転ずると、トルファン盆地のウイグル族の間には多数派の仏教徒にまじってネストリウス教徒がおり、天山北麓のビシバリク市にも仏教徒・イスラム教徒とともにトルコ系のネストリウス教徒がいた。さて、寧夏の東方、内モンゴリアの陰山山脈に小王朝を建てていたオングート族というトルコ族集団は明らかにネストリウス教徒であった。マルコがその王ジョルジがプレスター＝ジョンの後裔であると言っている点についてはすでに述べた（第Ⅱ章）。

❖クビライの公平な態度

マルコは元朝滞在中にも中国におけるキリスト教徒（ネストリウス派）についての情報を丹念に集めた。マルコが旅行した大運河地帯について見ると、若干のキリスト教徒がいた都市としては河北省の河間府、江蘇省の宝応県、鎮江府、浙江省の杭州などがあり、江南地方で福州のキリスト教徒と見なされた者は実はマニ教徒であった。泉州には実はネストリウス教徒がいたが、マルコはこのことを記録していない。ハンバリクから山西を経て雲南にいたるマルコの旅行路上では、陝西の京兆府（長安）、漢中（漢水の上流域）、雲南の昆明にキリスト教徒がいたが、マルコの言うようにその数は極めて僅少なものであった。これらのキリスト教徒はすべてネストリウス派であったが、その起源は明らかでない。いずれにせよ、北アジア・中央アジアに比して元朝中国のネストリウス派が最初は僅少であったことは当然であるが、実はネストリウス派はモンゴル帝室のなかに一応の勢力を持っていたのである。ナイマン族やケレイト族の王女を娶ったイル＝ハン朝の君主がネストリウス教に好意を持っていたことは周知の事実である。ローマ教皇はクビライの宮廷へカトリックを伝道する目的でポーロ兄弟を派遣したのである。

マルコによるとクビライの叔父（実は従孫）の王侯ナヤン（漢字では乃顔）は東モンゴリアに領地を持つ有力な帝室一族であったが、ナヤンはカイドゥと結んでクビライに叛旗を掲げ（一二八七）、クビライも大軍を率いて進撃し、東モンゴリア草原の一角で両軍は対決した。クビライは象の背に載せた輿《こし》に乗り、親しく全軍を指揮した。マルコによると、ナヤンは洗礼を受けたキリスト教徒であったので、この会戦にさいしても十字架を軍旗の上に掲げたという。激戦の末、ナヤンの軍は破れ、ナヤン自身も捕えられ、絨毯《じゅうたん》で巻き包まれた上で打ちのめされて処刑された。これは王族の処刑には血を流してはならぬという慣習があったからである。

ナヤンがキリスト教徒であったことに関連して、クビライがキリスト教に対してとった態度が興味深い。それは、上記の勝利ののち、クビライの宮廷で、イスラム教徒・偶像教徒・ユダヤ教徒が同席のキリスト教徒を「神の十字架はナヤンに対して何も効き目がなかったではないか」と皮肉ったのに対し、クビライは「十字架の加護は善行・正行に対してのみ働くのであり、十字架を一概に非難すべきではない」と諭《さと》したというのである。これは諸宗教に対するクビライの公平な態度ともとれるが、マルコはクビライの口を借りてキリスト教を弁護しているのかもしれない。マルコはなんとしてもクビライをキリスト教の味方として描きたがっている。そこで、マルコはさらに、クビライがキリスト教徒にならなかった理由を説明しようとする。クビライはキリスト教の主な祭典の一つである復活祭の儀式に列席して、福音書に焼香し、これに口づけをし、列席の貴族・重臣にもならわせた。しかし、クビライはイスラム教徒・偶像教徒・ユダヤ教徒の聖節にも同様な振舞いをしていたので、恐らくこれに不満であったマルコはクビライにその理由をたずねているのである。クビライは「世界で最も崇拝されている四人の預言者、すなわち、イエズス＝キリスト、マホメット、モーゼ、シャカムニ＝ブルカンのなかで、霊験《れいげん》の最もあらたかで最高の真理を備えた一名に対して、とくに尊崇し、その庇護《ひご》を祈るのである」と答えたが、マルコはこれがキリスト教を指すものと解している。クビライは抽象的に答えたにすぎぬが、マルコは自分に都合のよいように受けとっている。

それなら、クビライはどうして自ら十字架を公然とかけようとしないのかという質問を予想して、マルコはキリストが十字架の上で刑死したためであると説明する。それではクビライはなぜキリスト教に改宗しなかったのかという反問に対しては、すでに述べたように（第Ⅱ章）、クビライがローマ教皇に一〇〇人の西洋のキリスト教徒賢者を元朝に送るよう要望したのに、ポーロ兄弟とローマ教皇はそれを実行できなかったことをマルコは引き合いに出している。元朝にキリスト教（カトリックを指す）が広く普及しなかった原因はここにあると、マルコは弁明するのである。ポーロ兄弟とマルコは結局、ローマ教皇の使命を果たせなかった。マルコはこれを苦にして弁解しているのだが、結局は、キリスト教に改宗するかのようなポーズをとってポーロ家三人をうまく利用したクビライの方が役者が一枚も二枚も上であったと言えよう。

❖マルコのイスラム観

ポーロ兄弟とマルコの中・西アジアのイスラム社会における生活体験は少なかった。また、彼らはイスラム調査のため、元朝へ赴いたのではなかったから、イスラムについての見聞は意外と少ない上に、その見方も好意的なものではなかった。たとえば、フラーグに滅ぼされたバグダードの最後のカリフ＝ムスタースィムについて、かれが財宝を惜しんで軍備をおろそかにしたため、カリフ政権を滅ぼすことになったという当時の逸話《いつわ》を紹介し、意識的にムスタースィムのけちぶりを冷笑している。また、上述したようにカリフがバグダードのキリスト教徒に迫害を加えたが、キリスト教徒の演じた奇蹟によって失敗したという話もそうである。あるいは、タブリーズ地方の住民について「タブリーズ城内のイスラム教徒はたちが悪くて信用できない。かれらはマホメットの教法を盾《たて》に、異教徒を害したり、その財物を奪っても罪にならない。逆にかれらのうち一人でもキリスト教徒に殺されようものなら、かれらは殉教と言いたてる。これは世界中のイスラム教徒の手口である。これはイスラム教徒が死に臨んで、マホメットを真の預言者だと信ずると答えさえすれば天国に行けるからである。イスラムとはこんなに簡単に罪が免ぜられるものだから、タタール人をはじめ、他の多くの種族がイスラムに改宗したのである」と言っているのも、イスラムに対するマルコのいまいましげな気持を表している。

イランにおけるイスラムの異端として有名なムラーヒダに関するマルコの記事も興味深い。この集団はシーア派の別派であって、一一世紀末にイラン北部のアラムート山塞に本拠を構え、イスマーイール派を開いた。その教主は「山の長老」と称したが、マルコはこれを「山の老人」と呼んでいる。「山の老人」は山塞中に豪壮な宮殿を構え、水渠《すいきょ》に葡萄酒・牛乳・蜂蜜・淡水を流し、美女を配し、峡谷と樹木と庭園を背景としたこの邸宅・宮殿はあたかも天国のようである。「山の老人」は自分が見こんで刺客《しかく》(暗殺者)に仕立てた若者しかこの宮園に出入することを許さない。この刺客を育てるため、「山の老人」はたくましい若者を集め、一服の麻薬を飲ませ、昏睡《こんすい》状態に陥らせてから、天国のような宮殿につれ込む。若者たちは眠りから醒《さ》めて、まわりを見ると天国にいることを知る。美女たちが侍《はべ》って歌舞音曲を演奏し、酒宴を心ゆくまで享楽する。こんな快的な場所はない。若者たちは「山の老人」に心服し、かれを偉大なる預言者として盲目的に尊崇《そんすう》する。若者たちはこの天国に重ねてはいりたいので、「山の老人」の命令を聴くようになる。

かくて、「山の老人」は自分が暗殺したいと思う王侯・宰相《さいしょう》などがいると、養成した若者を暗殺者として派遣して、指定した敵を暗殺させる。「山の老人」は派遣するにさいして、うまく暗殺に成功すれば、もう一度、あの天国へ行かしてやろうと激励する。暗殺者たちはこの言葉を聞いて歓喜し、身命を賭して暗殺にでかける。これがマルコの話の要点である。この麻薬というのがハシシュという大麻から造られたもので、英語のアッサシン（暗殺者）という語はこのハシシュに由来するのである。だが、このイスマーイール派の「暗殺者教団」も一二五九年にフラーグによって誅滅《ちゅうめつ》されてしまった。かくて、「《山の老人》によって実施された忌まわしい統治は終わった」とマルコは結んでいる。「暗殺者教団」は正統派イスラムからも、マルコからも邪教視せられていたのである。

マルコの関心をひいたもう一つの問題はイスラム教徒でクビライの財務長官として権勢を振るったアフマドの件である。アフマド（漢字では阿合馬）は中央アジア出身のイスラム教徒で、しだいにクビライに取りいって、一二七〇年には財務長官兼宰相の地位にまでのぼり、有能・手腕のある財務家としてクビライに重用された。アフマドとその一族はクビライの恩寵を笠に着て、大官の進退を壟断《ろうだん》し、反対者を処罰し、私利私欲を計り、多数の婦女を犯すなど、横暴な行動が多かった。ついに我慢しきれなくなった中国人は謀反をおこした結果、アフマドの悪事があばかれ、アフマドとその諸子は極刑に処せられた。アフマドについてマルコの見聞と元朝の史料とは大たい合致している。この事件に関して、マルコは「クビライはイスラム教徒ならどんな罪でも許されるというイスラム教の忌むべき教義について再考し、大いにイスラムをいやしみ、嫌悪するようになった。クビライはイスラム教徒の信仰の命ずる数々の行為を厳禁すると命じた云々」と述べ、かれ自身、アフマドの事件の目撃者であると付記している。ここにおいても、マルコはかれと同時期に、同じ宮廷にいて、財務長官兼宰相の位にあったイスラム教徒権力者アフマドの没落に満足感を持ち、イスラム勢力の後退に期待をよせつつ、自分がキリスト教のため努力したことをほのめかしている。

❖最初の仏教徒

マルコは元朝への旅行の途中、ターリム盆地の南辺を旅し、元朝の辺境タングート地方にはいってはじめて偶像教徒に出会った。マルコにとって偶像教（実際は仏教）の実態にふれたのはこの時が最初であった。カトリック教徒としてマルコはネストリウス教に異端を感じ、イスラムには敵意を感じていたから、偶像教としての仏教・仏教徒・仏寺に対しては好奇心とある種の軽蔑を感じていたと思われる。しかし、先入感や予備知識を欠いていただけに、マルコは仏教徒の生活をかなり具体的に見聞し得たはずである。

マルコの見た最初の仏教徒は甘粛地方の西境に位置する沙州のそれであった。沙州と言えばそれは敦煌《とんこう》に当たる。この地の住民はほとんどが偶像教徒で、かれら土着人の言語は独自のものであるという。これはあるいは西夏語であったかもしれない。「多くの寺院・僧院があって、そこにはあらゆる種類の偶像（仏像）がぎっしりと安置されており、人々は多量のいけにえを捧げてこれを崇拝している」。敦煌と言えば、城外南方にある千仏洞が想起されるが、この石窟寺院をもふくんでマルコは述べているのだろうか。もちろん、敦煌の仏教の系統は中国系・ティベット系・西夏系・ウイグル系さまざまであったが、マルコは総じてこれらを偶像教と呼んでいる。甘州もタングート地方の大都市で、偶像教の寺院・僧院も数多く、そこには無数の偶像（仏像）が安置されている。仏像の材料は木、粘土、岩石などで、一様に塗金されている。大きな像は多く横臥《おうが》の姿勢をとり、そのまわりを多数の小さな仏像がとりまいている、とマルコは観察している。横臥している大きな像は釈迦涅槃《しゃかねはん》像のことと思われ、マルコはこの地に一年近く滞在したというから、よく観察できたのであろう。

沙州、甘州の仏教徒の実情はどうであったか。まず、仏教徒一般のなかで、僧侶ははるかに清浄な生活を送っており、男の方から女へ愛を求めるのは罪とされていた。仏教徒たちは仏像ごとにその拝礼の日を定め、一種の暦を作って拝礼日を記入している。また、ある月にはかれらは五日間にわたって殺生を慎み、肉食を断ち、潔斎《けっさい》して過ごす。僧侶のなかには一年中、精進食《しょうじんしょく》を続ける者もいるが、俗人ではそんなことはない、という。また、偶像教徒は沢山の妻を持つことができ、従姉妹や亡父の妾を娶《めと》ることができるが、これはキリスト教徒から見て罪悪であるから、これを無視するような仏教徒の生活は動物に近いと、マルコは言う。

沙州・甘州の仏教徒の習俗や日常生活についてもマルコはかなり詳しく伝えている。かれが一番興味を覚えたのは葬式のことである。仏教徒は世界中どこでも死者を火葬する。死者の遺体はその家から運びだされ、火葬場への途中、数か所に設けられた小屋の前へ来ると、供物が捧げられる。火葬場では、親族たちは紙で作った人・馬・駱駝《らくだ》・羊・貨幣を遺体といっしょに焼く。これが普通の火葬であるが、時と場合によっては占星師の判断によって、ある期間――一週間、一か月とか一年――遺体をそのまま、家に安置しておかねばならない。占星術師のこの御告げに従わないと、家族に不幸がおこるというのである。遺体を長期間、家に安置しておくためには、樹脂や漆喰《しっくい》で密着させた棺を造り、そのなかに樟脳《しょうのう》や香料をつめておかねばならない。安置しておく間、遺族の者は棺前に食事を供える。マルコの話は具体的であり、恐らく実際の見聞に基づくものであろう。

タングート地方では、親たちは子供のために、仏像ごとにそれぞれ一頭の羊を日頃から養っておき、新年とか子供の守り本尊の祭典日には子供と羊をつれて、信心する仏像に参詣する。参詣をすますとこの羊を料理して仏像に供えて祈禱し、子供への加護を願う風俗がある。祈禱が終わると、かれらは供えた羊の肉を下げ、家へ帰って親族を招いて御祝いの会食をする。仏僧たちは羊の頭、足一本、内臓などをもらうことになっている。

アジア大陸の博物誌

❖ペルシアとパミール

西アジアから中央アジアを経て元朝中国へはいったマルコとポーロ兄弟はこの砂漠とオアシスの世界でどのような自然、地域性、動物・植物・鉱物を観察して、新しい知識を掘りおこしたであろうか。かれの自然観察を通じて、われわれはマルコの人物像の一端にふれることができるかもしれない。マルコはまず、カスピ海付近では石油の存在について記録し、ついでメソポタミアのモスル市では金糸織の絹布が特産であって、これは《モスリン》と呼ばれていたと記している。モスル市の付近でも木棉を産し、これを原料として棉布（これが本来のモスリン布）が多量に製造されていた。バグダード市でも《ナシチ》と呼ばれる金襴緞子が製造され、また、ここは真珠の加工地であった。アゼルバイジャン地方の首都タブリーズでも金糸織物が製造され、宝石類も豊富であるので、ジェノヴァやラテンの商人が盛んに集まってきた。

ペルシアは広大な国であるが、タタール人すなわちモンゴル族に征服されて、イル-ハン朝の支配下におかれていた。ペルシアはカズヴィーン、クルディスターン、イスファハーン、シーラーズなど八つの王国（実は州に当たる）にわかれていたが、その特産は良種の馬で、インドへも輸出され、そのほか、運搬用のロバも産した。ロバは重い荷物を負って、水のない砂漠を往来するのに適していた。ペルシアでは金糸織の絹布、木棉、麦・粟などの穀物、葡萄酒などを産する。ペルシア東南部のキルマーン州では山中からトルコ玉・鋼鉄・オンダニック（鋼の一種）を産し、武器類が製造される。この地方の山中では隼《はやぶさ》に似た良種の鷹がおり、また、平原中には各種の鳥獣、とくにシャコが棲息《せいそく》しており、マルコはこれらの狩猟獣に特別の興味を示している。

キルマーン市から南は平原地方で、ナツメヤシの実、パラダイス林檎《りんご》、その他熱帯特有の果実、小麦を産し、キジ・シャコ・牡牛が棲息している。嘴《くちばし》と脚が赤色で、羽毛が白黒のまだらになっているシャコは珍しい品種の鳥であり、この地方の牡牛は巨大で、全身は純白色で、美しい動物である。また、尾が太く長い羊も棲息していて、食用にも供せられる。

この平原を下るとホルムズ平原が開け、ここにはナツメヤシの果実が豊かに実り、シャコなどの鳥類が棲息している。ホルムズ平野は外洋に接し、その海岸地区にホルムズ港がある。この夏は酷暑で、とくに熱風が吹くと堪え難いとマルコは言う。マルコ一行はホルムズ港から出帆せず、もと来た道を取ってキルマーン市経由で、東方への陸路を選んで、クビライの宮廷へ赴こうとした。

キルマーン市の東方にはイラン高原の大砂漠地帯が連なり、飲料水に乏しく、マルコらは苦しい旅を続け、クーヒスターン州のトノカイン地方へ来た。この地方に《アルブル-ソル》すなわち「乾燥した樹」「太陽樹」という柏の樹が生えているというが、これは聖地奪還のときに蘇生したというキリスト教伝承にかかわる樹のことで、マルコは恐らくヴェネツィアにいた時、知った伝承を確認しようとして付会したものであろう。

トノカイン地方から東はしだいにアム河上流域となり、豊かな平野・丘陵・渓谷、牧地のいりまじった景観を呈する。マルコの通過した主な都市はシュブルカーン、バルフであってその先がアム河上流左岸地方にあるタールカーン市である。タールカーン市の南方にある大きな山があり、全山が塩でできていると、マルコははじめて塩について注目している。この地方には狩猟の獲物が多く、獅子もおり、また、ヤマアラシも多数蕃殖《はんしょく》している。

タールカーン市の東はヒンドゥクーシュ山脈の西北に当たるバダクシャン地方で紅玉の産地として有名である。この紅玉は《バラス紅玉》《バダクシー-ルビー》とも呼ばれ、山中の鉱脈から採掘され、古代からその採掘・販売は国王の独占するところとなっていた。この《バラス紅玉》はルビー（紅玉）とは呼ばれるが、鉱物学上では実は尖晶石《せんしょうせき》（スピネル）、ペルシア語ではラールと呼ばれる宝石で、紅色は呈してはいるがルビーには一歩譲る。この国ではさらに碧《へき》玉《ぎょく》、群青《ぐんじょう》の原石、銀・銅・鉛をも産する。碧玉というのはラピス－ラズリ（青金石・瑠璃）と呼ばれる貴石であろう。山地の渓谷の清流には鱒《ます》などの魚が多く繁殖し、また、ある場所では硫《い》黄《おう》が多量に埋蔵されている。良種の馬匹、鷹、狩猟獣も少なくなく、小麦・胡麻と胡桃《くるみ》の油もとれる。

バダクシャンの東、アム河の上流域にワハン国があり、ここからさらに東北行するとパミール高原となる。この高原には狩猟獣が豊富で、さらに大型の野生の羊が多いが、住民のいる気配もなく、牧草もなく、一羽の鳥も見つからなかったとマルコは言う。なお、マルコが途中、立ち寄ったらしいカシュミール国は仏教徒国であって、人々は米・肉・乳を常食とする。カシュミール国からさらに南方へ行くと胡椒の生産地たるブラーフマン国（インド）へ達するはずだとマルコは言い、ここで胡椒に関心を示している。

❖砂漠とオアシス

パミールを越えると東トルキスタンのカシュガル地方に出る。中心都市カシュガルは花園・果樹園・農耕地のある典型的なオアシス都市で、麻・亜麻・木棉を産する。カシュガル市から西へ進み、ヤルカンド市も木棉を産するが、住民の多くは飲料水のために甲状腺肥大症にかかり、喉にこぶをこしらえている。ホータン地方も木棉・麻・亜麻・穀物を産し、葡萄園・花園も多く見かけられる。ホータン市の東、ペム地方には碧玉・玉髄《ぎょくずい》を多く産する。これはいわゆる于闐《うてん》の玉（ホータンの玉）のことで、白玉河・緑玉河・烏玉河の河中から白・緑・黒色の玉が採れる。玉とは硬玉（ジエード）、軟玉（ネフリート）を指し、通称の翡翠《ひすい》で、概して葉緑色を呈している。玉はホータン付近の山からも採れ、古代から中国人に愛好、珍重された貴石である。ただし、西洋人のマルコにとって玉はとくに興味がなかったらしく、詳しい説明はしていない。チェルチェン地方の河川からも碧玉・玉髄が採れ、商人はこれをカタイ（中国）に販売して莫大な利益をあげるとマルコは述べている。

ペムからチェルチェン、その東方のロプ市へかけて砂漠が続き、山と砂と谷とがあるのみで、その通行にはあらゆる自然の障害と闘わねばならない。ロプから東方へ進むと中国西辺のタングート地方へはいり、しだいにオアシス的風土がひろがる。粛州地方の山には薬用植物の大黄を産し、商人がこれを求め、全世界に販売するという。大黄は蓼《たで》科に属する宿根草で、その根塊が下瀉《げしゃ》剤・健胃剤として世界的に有名で、とくに甘粛から青海にかけて繁殖する中国産大黄は品質がすぐれていたといわれる。甘州の東は涼州であるが、その東南方に西寧という都市があり、この地方に象ほどの大きさの立派な姿をした野牛が多く棲息していた。この野牛は背中を除いては全身が長毛で蔽《おお》われ、白色のと黒色のものとの二種類があり、その毛は長く、絹糸のようであった。マルコは標本としてその毛を少しヴェネツィアに持ち帰ったという。

この地方にはすばらしく良質の麝香《じゃこう》を産する。これはある種の鹿のへその付近の皮と肉との間に生ずる膿疱《のうほう》を切りとったもので、これを乾かすと強い芳香を発する。これが麝香なのである。マルコはこの動物の頭と脚とをヴェネツィアへ持ち帰った。どうやら、マルコはアジアの珍奇な動物に強い関心を抱いていたようである。現在の寧夏地方では駱駝の毛で上質の毛布が製造され、世界の各地、とくに中国へ多く販売されたという。陰山山脈の南麓に当たるテンドク地方では群青の原石を多く産し、また、駱駝毛布もこの地の特産であった。

マルコは鉱山と採掘について強い関心を持っていたらしく、ギンギンタラス地方の鉱脈について特記している。ギンギンタラスがどこを指すのか議論が多いが、天山東部のビシバリク地方を指すという見方が有力である（愛宕松男氏の説）。マルコはこの地方を訪れたことはなかったらしいが、元朝の官吏として特別の情報を得ていた。ビシバリク城の北辺の一山から鋼鉄、オンダニックを産する見事な鉱脈があるほか、サラマンダーも採掘されるという。サラマンダーというのは繊維状珪酸塩鉱物たる石綿のことである（愛宕松男氏の説）。マルコの友人でズルフィカーという名のトルコ人はクビライの命令で三か年の任期でこの地に来てこれらの鉱物の採掘に当たるとともにこの鉱山経営と地方統治に従事したという。これはマルコが元朝の行政にも参画していたため明らかとなった秘密情報といえよう。

❖草原の世界と狩猟

マルコがチンギス＝ハン家発祥の地たる漠北のオノン・ケルレン両河地方やモンケ＝ハン時代までの首都カラコルムに赴いた形跡は全くない。もちろん、かれはこの地域へ旅行することは許されなかったのであろう。マルコはカラコロン市について一言し、土城壁をめぐらした都市で、宮殿があったことを記している。カラコロンとはカラコルム城を指すものであるが、記事はきわめて簡単である。モンゴル人は家畜を放牧して、夏から秋にかけて遊牧する。四輪車に幕舎と家財道具を載せ、牛と駱駝にひかせる。男子は狩猟や軍事に従事し、隼と蒼鷹《そうよう》を捕え、女は家畜の世話をする。かれらの常食は肉と乳、狩猟の獲物である。乳から乳酪製品を造って保存し、携帯食とする。馬乳酒をクミーズといい、モンゴル人の愛飲する酒である。

カラコルム市から北方へ旅を続けると、バルグ平原へ達する。これはバイカル湖の東岸地方に当たり、狩猟民が住んでいる。鳥獣など狩猟の獲物は豊富である。バルグ平原からさらに北方へ四〇日の旅をすると大洋に達する。この地方にはある種の鷹や雷鳥が棲息しており、また、大洋中に点在する島々には大鷹が棲息している。マルコのいう大洋とは北極海というより、むしろオホーツク海を指すものであろう。

なお、マルコは西シベリア、カザーフ草原を領地としていた青帳ハン・白帳ハン家のこと、この地方の狩猟や毛皮生産に注目し、さらにその北方に《暗黒の国》があると述べている。これは極地に近い高緯度地方の夏には白夜の現象があり、したがって冬季が常闇《とこやみ》であることを述べたものである。マルコはさらにルシア（ロシアのこと）についても取り上げ、黒貂・りす・狐などの高級毛皮や銀が産することを記している。いずれにせよ『世界の叙述』にふさわしく、マルコはロシアについても正当に取り上げたと言ってよい。

マルコはいわゆる「水草に従って家畜を逐う」遊牧民の姿よりもクビライの避暑宮殿付近の牧場や水辺の猟場に群がる狩猟用鳥獣の生態や鷹狩り、巻き狩りに特別の関心を示している。その見聞を通じて内モンゴル草原における鳥獣の姿を窺《うかが》うことができる。すでに述べたようにクビライの夏の首都のある上都の宮殿の内苑には牡鹿・黄鹿・小鹿が放牧され、クビライは自分の飼っている鷹や隼を使って猟をした。しかし、クビライは上都付近のチャガン－ノール（白い池の意）地方に仮宮殿を建てて、禽鳥《きんちょう》の狩猟を楽しんだ。この地には多くの河川や湖沼があり、白鳥・鶴・キジ・シャコなどが数多く飛来棲息し、クビライは鷹狩りに興じたのである。鶴には全身真黒なもの、真白なもの、翼に黄金色の斑紋《はんもん》があって、頭は赤と黒、頸は黒と白色をなしているものなど五種があったとマルコは観察している。クビライはまた大シャコと呼ばれるうずらを沢山飼っていた。

クビライは一二月から二月まで帝都のハンバリク城に滞在し、三月になると帝都近傍の大海に近い地方へ行き、水辺・湖畔で鷹狩りを楽しむことになっていた。鷹匠《たかしょう》の飼育している鷹や隼を放って鶴・白鳥その他の水禽《すいきん》を捕獲する。このクビライ遊猟の地は今の通州の南の地区に当たるが、鷹狩りのほかに、この地方で巻き狩りをしながら帝都へ還幸《かんこう》するのである。このあたりはクビライの帝室猟場であって、野猪・鹿・黄鹿・小鹿・熊などが狩猟巻き狩りの獲物であった。クビライは巻き狩りのために多数の豹と山猫、獅子を飼育しており、また、鷲を使って狼・狐・鹿などを捕獲していた。またクビライは巻き狩りのために五〇〇〇頭にものぼる猛犬を飼育していたこともマルコは伝えている。マルコはクビライの側近にいたことから、クビライの狩猟熱についてはは比較的よく観察できたのである。

❖中国の特産品

マルコは元朝に一七年間滞在している間に中国の自然、生態系や特産物についてもかれ独自の観察を行っている。マルコはとくに狩猟に強い関心を持ち、好適な猟場と獲物の多い場所として、山東省の済寧、徐州、江蘇省の臨清、高郵府、泰州、安徽省の安慶、湖北省の襄陽府、江蘇省の鎮江府、常州、浙江省の嘉興、杭州（キンサイ）、常山、福州王国（現在の福建省）、福建省の泉州（ザイトン）、河北省の涿州、陝西省の京兆府（長安城に当たる）、陝西省の漢中地区、興元府、四川省の建昌路、雲南（カラジャン）地方などをあげている。これらの諸地はもちろん農耕地帯で、穀物や絹織物の産地ではあったが、当時は猟場が多かったらしく、マルコはつねに猟場と鳥獣の獲物の有無について注意し、これを記録している。マルコは狩猟に特別の興味を持っていたと言わざるを得ない。これは、クビライの愛好した遊猟、巻き狩りなどの影響によるものかもしれない。マルコはその偉大なる主君の趣味に感化されたのであろう。

　マルコによって伝えられた特殊な動物としては、福州の獅子、パヒオーニという狐か兎に似た小動物、一羽で二四ポンドの目方のある大型の鵝鳥《がちょう》などがあった。また、麝香もマルコの関心を引き、興元府、建昌路、ティベットに麝香のとれる動物のいることを伝えている。マルコはイタリア人として芳香については興味があったにちがいない。

　中国に産する香料についてもマルコはもちろん関心を持っていた。山西省の河中府では生薑《しょうが》、高良薑《きょう》、甘松香などヨーロッパ人にとって珍しい香料を産し、蘇州の郊外の山地には大黄とともに生薑がたくさん生えていたという。福州地方では生薑・高良薑のほか、サフランによく似た香草も多量に産する。また、砂糖の精製業も盛んであった。四川の建昌路方面では肉桂《にっけい》と丁《ちょう》字《じ》が生育していた。ザイトンでは樟脳がとれる樹木が生い茂っていた。マルコはまた、山西省の太原での葡萄園と葡萄酒の生産、桑の栽培と養蚕業、陝西省の京兆府における桑の樹の栽培について注目している。

　マルコは黄金に多大の興味と憧れを持ったといわれるが、果たしてそうであろうか。四川の建昌路の西辺を流れるプリウス河は砂金に富むとマルコは伝える。プリウス河は揚子江の上流をなす金沙江に当たり、砂金の産地であることは間違いない。カラジャン（雲南）には砂金のとれる河がいくつもあり、湖や山からも大きな金塊が採れた。ザルダンダン国（金歯国）では通貨として黄金とインド産の子安貝が使われているが、この雲南のさらに果ての地に銀の鉱山があり、商人たちは銀を持ち出して金に換え、莫大な利益を収めるという。マルコが中国の黄金について語るところは非常に少ない。中国が本格的な金産地でなかったことにもよるが、管理通貨として紙幣が完全に流通していた事情から見て、マルコは黄金については発言しなかったのであろうか。

ダイヤモンド・ルビー・サファイア・エメラルドなどを西洋的観点から最高級の宝石であるとすれば、中国は宝石産出国ではなかったといえる。泉州では高価な宝石・真珠が大々的に取引されていたが、それらは主に南方諸国からの輸入品であって、一部の真珠を除いては中国産ではなかった。建昌路には大きな鹹湖《かんこ》があって、ここから多量の真珠を産した。しかし、この真珠は円形をなさず、数箇が一つに固まったでこぼこの形をなしていた。クビライはこの真珠を一般人に採取させず、独占していたという。マルコはクビライの官吏として、このような帝室による独占について知っていたのである。また、建昌路にはトルコ石と呼ばれる宝石をたくさん産出する山があったが、クビライはこれについても一般人による自由採掘を禁止したという。このトルコ石とは多分、碧玉・翡翠のことであろう。

❖財政をささえた塩税

マルコによると、中国ではいたる所に山から掘り出される黒色の一種の石がある。これは不思議にも薪と同じようによく燃え、しだいに赤熱して極めて高熱を発するし、一晩中、燃えつづけるので、この石が燃料として用いられていると言っている。これは明らかに石炭のことである。マルコは中国ではじめて石炭を見たのである。中国人は貴賤を問わず風呂好きで、公衆浴場や自宅の浴場で盛んに入浴するので、安価で効率のよい「燃える石」すなわち石炭が大いに利用されているとマルコは観察している。

鉱物関係と言えば、塩の問題にも一言しなければならない。とくに塩は概して専売事業で財政収入の重要な部分を占めていたから、クビライの官吏マルコにとっても重要な関心事であった。まず、長盧（河北省滄県）とその周辺地域では、塩分を濃くふくんだ一種の土を集め、これに水をかける。これによって塩分を十分にふくんだ水をとり、この塩水を大きな鉄製の平鍋で長時間煮つめ、塩分を結晶させ純白な塩を抽出する方法をとっている。この塩はこの地域で売られ、塩製造業者も利益があり、クビライもこれに課税して莫大な収入をあげる。これがマルコの見聞である。これが中国塩法史上重要な位置を占める長盧塩《ちょうろえん》である。江蘇省の淮安州でも製塩が行われ、この地方の四〇余の諸都市がその消費地となっており、その塩税収入はクビライの財政を賄う財源の一つとなっている。この地の塩は中国塩法史上では淮東塩《わいとうえん》と呼ばれている。江蘇省の通州地方でも製塩が盛んで、この地方に塩を供給しており、その税収入も莫大なもので、クビライの財政に寄与している。江蘇沿海地区で製造される塩は淮塩と呼ばれている。また、杭州の付近には鹹湖《かんこ》や沼沢が多く、夏になるとその水が凝結して莫大な塩を生ずるという。したがって、杭州が政府に納める塩税は信じられないほどの巨額にのぼるという。四川の建都地方も塩の産地であって、この地の塩水を鍋で煮つめると固まって塩になるのである。四川では塩井《えんせい》なるものがあり、この地下水、すなわち塩水が塩の原料なのである。マルコは四川ではこの塩を固めて貨幣として辺境地帯で用いると言っているのは珍しい報告といえよう。

製塩と塩税に関するマルコの記録は詳しく、かつ、かなり正確である。これはマルコがクビライの官吏として国家財政に関心が強かったためで、あるいはかれは塩税についても関与していたかもしれない。

熱帯アジア紀行

❖真珠と宝石の国

マルコは元朝滞在の一七年間中に少なくとも一度はインド方面へクビライの使者として出かけている。マルコが一二八五年にチャンパ国（占城）へ行ったことは『世界の叙述』のなかで明記している。また、「マルコ氏は長年月にわたってインドに滞在し、インド人の生活、風習、取り引きについて多くの知識を得た」という。この説明はマルコが結局はかれの帰郷の旅となったイル＝ハン国への使節行にさいして、インドに若干月の間滞在したことを指すとも取れる。実際、かれは使者としてインドへ赴き、無事、元朝へ帰っているのである。「マルコ氏が種々の未知の海を渡り越えてインドより元朝へ帰還した」のは一二八九〜九〇年のこととみられる。そして、この帰還ののち、まもなく、ポーロ家の三人は元朝を去ったのである。熱帯アジアに関するマルコの記事はかなり詳しく、生々しく描かれているが、これはかれのインド出

南洋諸島を遊弋する　クビライの艦隊

使、故国帰還のさいの南海、インド沿海航海旅行の間に得た見聞、情報に基づくものである。かれの見聞の内容は寄港した南洋諸国の地理・政治・風習・宗教事情（偶像教とキリスト教）、香料、宝石、動植物などに分類されよう。また、地域別で見れば、インドシナ半島とスマトラ地方、インド西海岸、アラビア半島南岸、アフリカ北東岸などに分けられる。

熱帯アジアにおいてもマルコは貴金属や宝石類についての情報入手を怠らなかった。チャンパ国のトンキン湾沖にある海南島と覚しき島の河口では莫大な砂金を産するほか、この島では銅を産出したという。マルコは述べてはいないが、海南島ではかなりの量の銀を産出するのである。ロカック（羅斛）という地方は東南アジア大陸部、恐らくタイ国の一部を指すのであろうが、この国の黄金の産出量は莫大なもので、実際にそれを見なければ信用できないくらいであるとマルコは言っている。ジャワ島・スマトラ島あたりでは貴金属や宝石の話は何も記録されていないようである。ビルマ（緬国）などは最高級の宝石の産地だが、マルコには記事はない。

　セイロン島ではマルコはついに素晴らしい宝石に眼を輝かせ、興奮する。つまり、マルコによれば世界で最高の質を誇るにたるルビーがこのセイロン島にのみ産するほか、サファイア・黄玉・紫水晶・ざくろ石など種々の宝石類も産出するのである。セイロン島の王様の所有するルビーは長さが二〇センチ、厚さが男の腕ほどもある世界無比の大きさのもので、燦然《さんぜん》として光を放ち、燃えるような真紅の色をしていたという。クビライ‐ハンもこれを欲しがったが、セイロン王は絶対手離せないと返答したということである。セイロン島はビルマと並んでアジアの宝石産出国であって、鋼玉石（ルビーとサファイア）・緑柱石・黄玉・ざくろ石・電気石・尖晶石・金緑玉・風信子石《ジルコン》・水晶・月長石・真珠などの産地として有名である。

　インド大陸の東南端部の海岸地方のコロマンデル海岸にマーバール（馬八児）国があり、ここは真珠の産地であった。セイロン島と大陸間の海に一つの湾があり、浅瀬となっていて、ここで真珠が採れる。商人たちは組合を作って、採取用の大船を買い、道具を仕入れ、漁夫を傭《やと》い、四、五月に海に乗り出して、真珠採取に着手する。小舟に分乗した漁夫たちは海に飛び込み、かき貝を採取する。このかき貝の内部に真珠が蔵せられている。このようにして、莫大な量の真珠が採取され、高値をつけて世界各地へ売られていく。丸くて光沢のある真珠が高級なものである。真珠採取に対して税が課せられ、王の収入となる。この国からは宝石も産出するが、王は大きくて高価な宝石を庶民から買い上げ、輸出を許さないとのことである。

マーバール国の北五〇〇マイルに位置するムトフィリ王国はダイヤモンドの産地であった。冬に雨が降り、急流となって山の岩窟中を流れるので、水が引いたあと、河床を探せば多数のダイヤモンドが採取できるというのである。夏は暑くて、しかも山地には大蛇がいて危険であるが、この困難を冒して山中へはいると大粒の見事なダイヤモンドが拾えるという。また、この地方の大渓谷にもダイヤモンドが沢山ころがっていて、色々の方法でこれを採取する。ムトフィリ王国産のダイヤモンドは西洋諸国へは輸出されず、王と貴族たちが買い占めるとのことである。インド西海岸のカンバエット（現在のカンベー湾地方）王国で、金・銀・銅・亜鉛華を産し、外国へ輸出されたことをマルコが伝えている以外はインド地方では金銀産出の情報はきわめて乏しい。中央アジアから中国、そして熱帯アジアを見聞したマルコの記録には「アジアの黄金」の噂話はジパング物語を除いては案外に少ないのである。

❖香料の国

東南アジア、インドが世界的な香料の産地であることは言うまでもない。一三世紀の初頭に、ジェノヴァとヴェネツィアの商人は中近東において中継貿易によってインドのスパイス（香料）を入手していたが、マルコもいまや香料の道を船でたどってこの地方の香薬の実態にふれることができたのである。ジャワ島では胡椒・肉豆蔻《にくずく》・高良薑・甘松香・丁香《ちょうじ》など、あらゆる種類の高価な香料を産した。スマトラ島では一般香料、沈香《ちんこう》・蘇枋《すおう》・黒檀などを産したが、これらはヨーロッパへは運ばれず、中国の江南地方、キンサイ・ザイトン両市へ輸出された。スマトラ島北端のランブリ王国では蘇枋・樟脳やその他の香料が豊富であった。蘇枋の樹皮は薬用、染料に用いられた。マルコは蘇枋の種子をヴェネツィアへ持ち帰ってまいたが、芽を出さなかったという。スマトラ島の北部にあったと見られるファンスール王国でも良質の樟脳を産した。マライ半島西方沖合のニコバル群島に当たるネクヴェラン島では紫檀・白檀、ファラオくるみ、丁香・蘇枋などの樹木が生い茂っていた。アンダマン群島ではあらゆる種類の香料を産し、セイロン島では良質の蘇枋が夥しく生えていた。

インド南端のクイロン（キロン、倶藍）王国では蘇枋が繁茂し、良質の生薑と胡椒を多く産する。そのほか、この地では藍《あい》も多量に産する。インド西南海岸のマラバール地方では胡椒・生薑・肉桂・インドくるみなど、各種の香料が豊富であった。インド西海岸北部のグジャラート王国では胡椒・生薑・藍を多量に産出し、また、棉花の産額も多かった。グジャラート地方のターナ王国では胡椒、その他の香料、さらには乳香を産した。マルコ一行はグジャラート半島のセメナト港からケスマコラン港に寄港した。この港はインダス河口からやや南に位置し、マルコらにとってインド半島最後の地であって、インドに関するマルコの見聞もここで終わる。

アフリカ大陸の最東端ソマリア地方の沖合に位置するソコトラ島では鯨や抹香鯨《まっこう》の腹からとれる竜涎香《りゅうぜん》が特産物として知られている。マルコはソマリア地方のモグダシオ地方を述べるに当たって、マダガスカル島と混同して述べている。ただし、マダガスカル島には紫檀の木が多く、近海には鯨や抹香鯨がたくさんいるので、竜涎香の産額は莫大であるとマルコは述べている。つぎに、アラビア半島の南海岸のエシェル市では白乳香を多量に産し、エシェル市の北西五〇〇マイルに位するデュファール市でも良質の白乳香を産する。白乳香を産する樹に小刀で切り込みをつけておくと、この切り口から樹液が落ちるが、これが固まると白乳香になるという。アフリカ東海岸にせよ、アラビア半島南岸にせよ、これはマルコが訪れたのではなく、伝聞によって情報を集めたのである。以上によって、マルコが訪れた「香料の道」とそこに産した香薬の品目がだいたい知られる。マルコは「香料の国」をはじめて訪れた西洋人であったが、かれは二度とこの地方の土を踏もうとはしなかった。

❖インドの神々

熱帯アジアは宗教、信仰という面から言えば圧倒的に偶像教徒の世界であったが、その間にもイスラムもしだいに教線を伸ばしており、また、キリスト教伝道の先兵たちの足跡もあった。マルコは中央アジア、中国におけると同じく、熱帯アジアにおいても宗教、伝道、聖者たちに十分に関心を示している。マルコによって広く偶像教徒国といわれている地方はチャンパ国（インドシナ半島）、ジャワ島、ロカック（タイ国を指す）、スマトラ島、ファーレック王国（スマトラ島北端）、サマトラ王国（スマトラ島東北端）、ダグロイアン王国（スマトラ島北端）、ランブリ王国（スマトラ島北端）、ファンスール王国（スマトラ島西北部）、ネクヴェラン島（ニコバル群島）、アンダマン群島、セイロン島、マーバール地方、ムトフィリ王国、ラル地方（グジャラート地方）、コイラム王国、エリ王国、マラバール王国、グジャラート王国、ターナ王国、カンバエット王国、セメナト王国、ケスマコラン王国など、東南アジア各地とインド西海岸地区であった。

イスラムの進出についても二、三の記事がある。たとえば、ファーレック王国では「サラセン」（イスラム教徒）商人の往来に伴って、一部の都市民がイスラム化していた。セイロン島の住民は軍事に関しては「サラセン」人を傭兵《ようへい》としたという。インド西岸北部にあるケスマコラン王国ではじめて、住民の大部分は「サラセン」人であると明記されている。マダガスカル島とみられる島では住民はイスラム教徒であった。マルコにとって最大の関心事であるキリスト教について見ると、インドのマーバール海岸の聖トーマス寺院物語はあまりにも有名である。これについてはあとで触れよう。インド南端のコイラム王国には若干のキリスト教徒、ユダヤ教徒が住んでいた。アラビア半島南岸の沖合にあるといわれる男島の住民はキリスト教の洗礼を受け、旧約聖書の教義に従い、ソコトラ島の大主教に従属する主教一名が任務についていたという。したがって、ソコトラ島の島民はキリスト教徒であった。アビシニアにもイスラム教徒と並んでキリスト教徒がおり、聖トーマスの布教活動についての伝承が伝えられている。マルコが熱心に取りあげたのは聖トーマスの殉教伝承であった。

マルコの言う偶像教とは熱帯アジア地域に関してはバラモン教またはヒンドゥー教を指しているが、その教義や儀礼を系統的に記しているわけではない。だが、一、二の見聞はかなり具体的なので、バラモン教について引用してみよう。インドのラル地方（グジャラート地方に当たる）はバラモン教発祥の地である。バラモン教徒の商人は正直で信頼するにたる。バラモン教徒は肉食、飲酒せず、清潔な生活をする。かれらは白木棉の布でもって一方の肩から反対側の腋の下にかけてからだにまといつける。かれらは前兆ということを気にし、吉凶を判断して行動する。かれらは禁酒し、食事中にある種の草をかむので消化がよくなり、したがって世界で最も長寿な種族である。かれらのなかにはチュギ（ヨギのこと）と称する修道士たちがいて、極めて長寿を保ち、一五〇歳から二〇〇歳までも長生きする。かれらは水銀と硫黄とを混ぜ合わした一種の飲み物を作るが、これが延命の妙薬なのである。ラル王国には別にチュギという宗派があり、難行苦行を修め、裸の生活をし、陰部を平気で露出する。チュギ宗の教徒は食事についても、水以外はとらないという断食を年中、行う。なお、マーバール地方にもバラモン僧がおり、この地の僧院には男性・女性の偶像が数多く祀《まつ》られていて、これらの偶像に多数の乙女が奉納され、男神・女神の前で舞踊するという儀礼が伝えられている。また、この地の住民が牡牛を最も優れた動物として崇拝し、決して牡牛を殺してその肉を食うようなことはしないという。これは牡牛を崇拝するヒンドゥー教徒の戒律《かいりつ》を示している。マルコはさらにバラモン・ヒンドゥー教系の奇習・風俗・制度などについても記しているが、その紹介は本書では割愛する。

❖聖者サガムニ

マルコはセイロン島でサガムニ＝ブルカン（釈迦牟尼仏聖者）の事蹟と教義についての知識を得た。サガムニはもとある権勢ある大王の王子であったが、生来、信心深く、現世に欲望を持たず、敬虔《けいけん》な生活を続けていた。ある日、この王子は外出して、死者や老人の姿を見て、現世を捨てて永遠の神を求めようと決心し、宮殿を捨てて高山にはいり修行をして一生を送った。王子が死ぬと、父は悲嘆にくれ、黄金と宝石とで王子の像を造らせ、神として国民に崇拝させた。この王子は八四回生死をくり返したという。まず牡牛に生まれかわり、次に死んだときには馬に転生し、最後の八四回目に死んでから、神となったという。偶像教徒にとってサガムニは最高の神であり、かれが最初に偶像として造られ、ついで色々の偶像が造られた。これがマルコの説明の要点である。「もし、サガムニがキリスト教徒だったら、かれはわが主イエズス＝キリストと並ぶ偉大な聖者となったであろう」と、マルコはキリスト教の肩を持った注釈をしている。

マルコによると、セイロン島に一つの高山があり、その山頂にアダムの墓があるという。「サラセン」人はこれをアダムの墓と言い、偶像教徒たちはこれをサガムニ＝ブルカンの墓だと主張している。この山頂の墓にはサガムニの遺体があり、かれの歯・頭髪・鉢などが保存されているので、偶像教徒がこの地に巡礼する。イスラム教徒もこれをアダムの遺品だと言って同じく巡礼する。マルコの見解によれば、アダムの遺体は別の地方に葬られているから、この山頂の墓のなかの遺体はアダムであるとは信じられないという。実はこの山は現在アダム峰と呼ばれているが、一二、三世紀以来の伝承によるとこの山頂にあったのは墓ではなくて岩上に印せられた巨人の足跡のようである。「アダムの足跡」とか「仏陀の足跡」などと呼ばれているものである。クビライは一二八四年にこのアダムの遺した歯と頭髪と鉢とを手に入れるために一人の大使を派遣してこれを求めさせた。使者は首尾よく二本の歯と少々の頭髪を手に入れて帰国したとマルコは語っている。元朝の史料によると、一二八七年にクビライの使者がセイロン島へ赴いて仏舎利・仏鉢を入手して帰国したことが伝えられている。どうやらセイロン島の高山の墓にあったというのは仏舎利であったらしいが、しかし、巨人の足跡という事実とは矛盾するようでもある。

❖聖トーマス物語

聖トーマスというのはキリスト十二使徒の一人で、かれは一世紀のなかごろパレスティナを出発して東方伝道に赴き、パルティア・アビシニア・インドで宣教につとめ、最後はマドラスで殉教したという聖者伝説の主人公である。かれの遺体はマドラス南郊のマイラプールの聖トーマス寺院に安置されているといわれる。ローマ教皇の使節ともいうべきマルコ一行がこの聖地を見逃すわけはなかった。はじめ、使徒聖トーマスはヌビア王国に布教したのち、アフリカのアビシニアへ来て、その一部の住民を改宗させてから、インドのマーバールに移った。聖トーマスはこの地で布教に従事していた。ある日、かれはまわりに孔雀《くじゃく》が群がっている場所で神に祈りを捧げていた折に、ある異教徒がこれらの孔雀を仕とめようとして矢を射《う》ちこんできた。この矢が折悪しくも聖トーマスの脇腹に命中し、結局、この矢傷が原因で死んだとマルコは伝えている。

聖トーマスの遺体は上述したようにマイラプールの聖トーマス寺院に安置された。マルコはこの聖人に関する物語を現地で見聞して記録にとどめたわけである。それによると、この地のイスラム教徒も聖トーマスをイスラムの聖者と信じ、キリスト教徒と同じく、この寺院へ巡礼

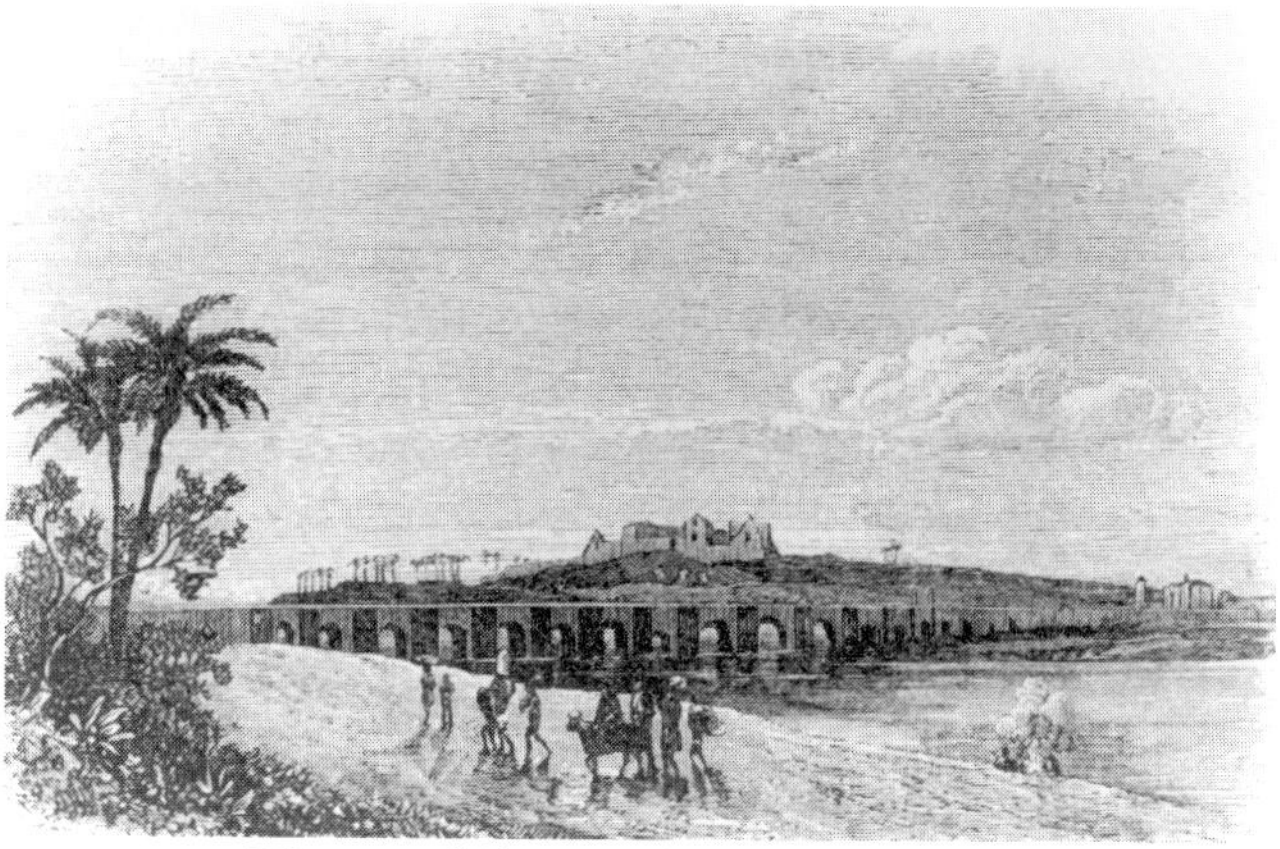

聖トーマス寺院のある丘　マドラス市付近

に来ていた。これらのキリスト教徒は東方派、恐らくネストリウス教徒であったらしい。この地に巡礼に来るキリスト教徒は聖人の殺された場所の土を集めて帰国し、これを一服飲むと、熱病がたちまち治癒《ちゆ》するということであった。そこでマルコもこの赤色の土を少しばかりヴェネツィアへ持ち帰り、これを飲ませて、多くの病人を治したとマルコは大真面目に記している。マルコがこのような俗信、奇蹟物語を心から信じたわけではなかろうが、しかし、このことによってマルコはキリスト教信仰とローマ教皇への尊崇心のあかしを立てようとしているのである。これはマルコの一貫した姿勢であったのである。

聖トーマスについてマルコはもう一つの奇蹟物語を紹介している。一二八八年に、この地の王家のひとりが莫大な米を貯蔵するために聖トーマス教会と付近の民家を利用したので、キリスト教徒は大いに悲しんだ。ところが、使徒聖トーマスが手にフォークを持ってこの王の前にあらわれ、フォークを王の咽喉《のど》にあててから、姿を消した。恐れをなした王は翌朝、貯蔵した米を全部取り出させ、聖トーマスの啓示を世人に伝えたというのである。その他にも、キリスト教徒の身体の障害が治ったというような奇蹟が毎日おこると、マルコは付言している。

アビシニアのキリスト教国王とイスラム系のアデン国王との戦いもマルコが熱心にとりあげた問題である。一二八八年にキリスト教徒たるアビシニア王は自分の代わりに司教にイェルサレム巡礼を行わせた。この司教は巡礼の帰途、アデン国王に捕えられ、割礼《かつれい》の刑を加えられた。この復命を受けたアビシニア王は怒ってアデン王国へ大軍をもって遠征し、敵に大損害を与えて凱旋《がいせん》したという筋である。この一二八八年の交戦はある程度、史実によって裏づけられる事件であるが、ここでは詳しく説かない。マルコは「サラセンの犬どもがキリスト教徒に勝つなどという道理はないから、アビシニア軍が大勝利を収めたことは驚くに足りぬ」と付言して、反イスラム的感情を吐露するとともに、ここでもキリスト教の栄誉を讃えているのである。また、マルコはアデンのイスラム教徒がキリスト教徒を嫌悪し、アデンのスルターンがかつてキリスト教徒を迫害したことを強調している。アデンの封臣たるエシェル市とデュファール市とがマホメットを尊崇する「サラセン」人であって、かれらが白乳香の取引を独占していることを述べて、暗に不快感を示している。かれらがジェノヴァ・ヴェネツィア商人にとって競争相手であったことにもよるのであろう。マルコの反イスラム的態度はここでも一貫しているのである。

V

東西世界の交流

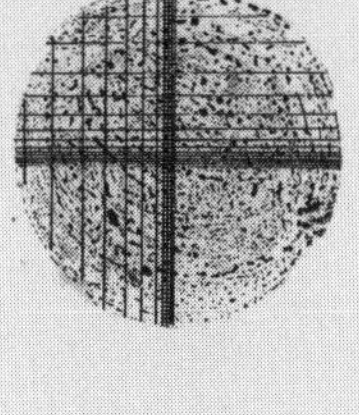

元朝とローマ教皇

❖絶好の機会

ポーロ兄弟とマルコがそれぞれ元朝の官吏としてどれだけの期間、中国に在留しようと考えていたかは全く明らかでない。永住のつもりであったとは到底考えられない。かれらは中国に無期限に滞在したくはなかったと思われるが、さりとて、陸路によるにせよ海路によるにせよ、モンゴル宮廷に無断で脱出することはできなかったであろう。皇帝の下付する黄金のパイザなくしては帝国内の旅行はまず不可能であったのである。

ポーロ一家が元朝に一〇年以上も滞在したであろうある日、かれらは帰国の相談がまとまり、クビライに許可を懇願したが、その許しが出なかったという。しかし、かれらは絶えずその機会を狙っていたはずである。ところがひとつの絶好の機会が到来した。このことについてマルコ＝ポーロはとくに詳しく記しているので、その要点を以下に述べよう。実はイル＝ハン国のアルグン＝ハンの妃ブルガンが亡くなり（一二八六）、その遺言として元朝にいる自分の同族（バヤウト氏族）から女を選んで自分のあとの王妃にしてほしいとあった。そこでアルグンは三人の重臣を選んで、はるばる元朝へ派遣して来た。クビライはブルガンの同族から一七歳になるコカチン姫という美人を召し、これをアルグンのもとへ送ることにした。三人の重臣はコカチン姫を伴い、往路と同じ道程——中央アジアの陸路——で帰国の途についたが、八か月間、旅行を続けたところで、中央アジアで王侯カイドゥとの戦争が再び激化し、陸路が閉ざされてしまった。そこで一行はやむなく元朝へ引き返したというのである。元朝のある史料によると、イル＝ハン国からの重臣は一二八七年に元朝へ来ており、この一行が陸路、帰国の途についたのは一二八八年後半で、出発後八か月で元朝の首都へ引き返したのは一二八九年の末であったらしい（愛宕松男氏の説による）。

ちょうどこの時、マルコ＝ポーロがある用件で派遣されていたインドから帰って来たのである。これは一二七九〜八〇年であったと見られる。イル＝ハン国の三人の重臣は、ポーロ兄弟とマルコがラテン人で聡明な人物であることを知って、この三人をかれら一行に加えて海路で帰国しようと相談し合った。あるいはマルコが自らこの帰国話を持ちかけたとも想像されるが、いずれにしてもニコロ、マッフェオ、マルコの三人はヴェネツィアへ帰るまでは行動を共にすることを約束し合っていたにちがいない。かれらはクビライが死んだ場合に自分自身にふりかかるであろう危険をつねに予知していたはずである。ポーロ家の三人はいまこそ帰郷の絶好の、また、最後の機会としてイル＝ハン国の使臣を必死に口説いたにちがいない。イル＝ハン国の三人の重臣はクビライにこのことを申し出て懇願した。クビライとしてはポーロ一家を手放したくなかったというが、結局、この申し出を許可したのであった。クビライはコカチン姫を安全にイル＝ハン国へ送り届けることが絶対必要であったのである。しかし、ポーロ家の三人は再び元朝へ帰任しなくてもよいという勅命をクビライから得たのかどうか、マルコは何も語っていない。かれらは帰任することを条件に、出発の許可を得たはずである。

ニコロ、マッフェオ、マルコの三人は元朝を出発するに当たって、クビライ＝ハンの御前に召され、牌子すなわちパイザを二枚授与されたが、なぜ、二枚であったかよく分からない。このパイザはその所持者にクビライの領内——実際は「タタールの平和圏」全部に有効なはずである——における旅行の自由、所持者とその従者への食糧の供給を保証した特許状である。ふつう、マルコ＝ポーロの帰国のことのみ強調されているが、ニコロ、マッフェオ、マルコの三人がひと組みとして元朝を離れたことを忘れてはならない。さらに、クビライはローマ教皇・フランス王・スペイン王以下、西欧キリスト教国の諸王にあてた書簡をも一行に託した。当時のローマ教皇はホノリウス四世（在位一二八五〜八七）か、ニコラウス四世（在位一二八八〜九二）のいずれかであり、フランス王はフィリップ四世（美王、在位一二八五〜一三一四）であり、スペイン王というのはカスティラかアラゴンを指すものである。これらの書簡、とくにローマ教皇にあてたクビライの書簡は今のところ、ヴァティカンの古文書庫でも発見されていないことから、どういう書面のものであったかは不明である。つまり、クビライがポーロ一行にどういう使命を与えたのか、かれらが復命する義務があったのか、単に手渡すだけの仕事であったのか、これらの問題はすべて謎である。したがって、ポーロ一行が今度もクビライの使節という正式の資格を持っていたかどうか断定に苦しむが、クビライはそのように考えていたと想像される。

❖帰郷の航海へ

クビライは一行のために、四本マストで一二枚の帆を張ることのできる立派な船を一四隻、用意した。一四隻の船のなかには、水夫二五〇〜二六〇人を乗り組ませることのできる大船が少なくとも四、五隻まじっていたという。船に乗り込んだのはコカチン姫、アルグン-ハンの三人の重臣、ニコロ、マッフェオ、マルコのポーロ一家及び多数の従者であり、二か年分の食糧を積み込んだ。出帆した港は福建省のザイトン港であり、その年次は一二九〇年末であったと見られる。ポーロ一家はクビライ-ハンの忠実な官吏として約一七年間、元朝中国で生活したのち、その様々な感慨を胸中に秘めながら、ザイトン港を船出して、南に針路をとって帰郷の航海についた。一行は大洋中を航海すること約三か月にして、南海のなかのジャワ島についたというが、その途上、二、三の港に寄港したと思われる。以下、『世界の叙述』の本文に沿ってポーロ一家の航海の過程を見てみよう。

船隊はザイトン港を出帆したのち、今のトンキン湾の南方海上を横断し、たぶん、インドシナ半島のチャンパ（占城国）に寄港したのであろう。実はマルコ＝ポーロは一二八五年にこの国に来ていたと『世界の叙述』のなかで記しており、チャンパに関する記事はその折りの見聞に基づくものであろう。船隊はチャンパからインドシナ半島に沿うように南下し、マラッカ海峡を通過したのち、小ジャワ島と呼ばれる今のスマトラ島に寄港した。この小ジャワ島は八つの王国に分かれていたが、ポーロ一行は悪天候に航海をはばまれて、そのなかのサマトラ王国に五か月間も逗留した。季節風を待ったのであろう。マルコとその数百人以上にのぼる一行は人食い人種の攻撃から身を守りながら五か月間、野営をした。マルコは小ジャワ島では北極星も北斗七星も見えなかったと述懐しているのは興味深い。ついで、船隊はスマトラ島の最北端にあったランブリ王国（南無力）に寄港したらしく、この地の蘇枋《すおう》の種子を採取し、ヴェネツィアへ持ち帰って播《ま》いたが、気候のせいか、ひとつも発芽しなかったと述べている。蘇枋とは熱帯樹の一種で、樹皮は薬用に供せられるという。

船隊はランブリを出帆してセイロン島に寄港し、ついでインド大陸の東海岸に当たるマーバール（馬八児）地方に寄港したのち、インドの南端をまわって、西岸に沿って北上し、南端近くのコマリ、ついでクイロン（倶藍国）に停泊したらしい。このあたりまで来ると北極星が見えはじめたという。インドの西南岸はマラバールと呼ばれる地方で、船隊はマラバール海岸の沖合を北上し、グジャラート地方の沿岸部のターナ（都奴阿）、セメナト（須門那国）、ケスマコランにそれぞれ寄港したのち、いよいよ、イラン南東部のホルムズ港に到着し、一行はイル＝ハン国の領土に上陸したのである。この間、マルコ＝ポーロはアデンとアラビア半島南部についての記事を載せているが、このときの寄港地であったのではない。ザイトン港出帆以来、約二六か月の海路を航海して、ホルムズ港に到着したのは一二九三年の三、四月ごろであった。安着は安着であったが、最初船に乗り組んだ人員は水夫を除いて六〇〇人を下らなかったものが、ホルムズに到着したときには僅か一八名しか残っていなかった。アルグン＝ハンの三人の重臣のなかでホージャ一人が生き残り、一行中の婦女たちも一人しか残存しなかったという。ニコロ、マッフェオ、マルコの三人が無事であったのは運が良かったということになろう。

❖クビライの臣下として

元朝のクビライ＝ハンから重要な使命を帯びた特使ホージャ、ニコロ、マッフェオ、マルコのポーロ家の三人及びコカチン姫とマンジ（南宋）の宮女ら一行はホルムズ市からキルマーン市を経て、往路とほぼ同じ街道を北上して、イル-ハン宮廷のあるタブリーズ市へと、はやる心を抑えながら、急いだことであろう。しかし、イル-ハン宮廷の情勢は変わっていた。アルグン（在位一二八四～九一）はすでに崩御し、一二九一年にガイハトゥがハン位についていたのである。一行はともかく、コカチン姫をガイハトゥに渡し、また、クビライから託された使命をガイハトゥに報告した。その内容はわかっていない。ついで、ガイハトゥはコカチン姫をアルグンの長子のガザン（ガーザーンともいう）に降嫁させるよう命令をくだした。当時、ガザンはイラン東境のホラーサーン州の地で、六万の兵を率いて防衛に当たっていたので、ニコロたちはコカチン姫をつれて、はるばるホラーサーン州に出向いて、ガザンに姫を送り届けたという。ガザンは父のアルグンからホラーサーン州を封地として受け、この州を鎮守していた。一二九一年のアルグンの死後、ハン位はガイハトゥに渡り、ガザンは一二九三年の春にガイハトゥのもとへ入朝しようとしたが、ガイハトゥの指示で引き返した（ラシードの『集史』による）。したがって一二九三年にマルコらがホラーサーン州のガザンのもとへ赴いたというのは事実であろう。ここにマルコらはコカチン姫をイル-ハンへ送り届けるというクビライの使命を果たしたといえる。

マルコらはホラーサーン州から首都のタブリーズ市に帰って、この地で九か月間も滞在した。この九か月間は長途の疲れをいやすためか情報収集のためであったと思われる。かくて、ポーロ一家はイル＝ハン宮廷に対するクビライの使命をすべて果たし、ついにガイハトゥ＝ハンに暇《いとま》乞《ご》いして帰郷の途につくことになった。ポーロ家一行はガイハトゥ＝ハンから黄金のパイザ四枚を授けられた。四枚のパイザは各々重さが三〜四ポンド、長さが一キュービット（約四六センチ）、幅は五フィンガー（一フィンガーは指幅の長さ）であって、表面に「永遠なる神の力によりて。ハンの名は尊崇され賞讃されるべし。命令にそむく者は死刑に処せらるべし」と刻銘されていた。二枚のパイザには大鷹、一枚のパイザには獅子が鋳つけられており、もう一枚には何もついていなかったという。ポーロ一行は四枚のパイザをヴェネツィアに持ち帰って保存していたから、この記述はかなり正確だといえる。黄金のパイザの実物は現存していないが、大鷹の鋳つけられているのは海青金牌（海青とは隼の一種）、獅子のついているのは獅頭金牌、もう一つのはふつうの金牌であったと思われる。これらのパイザはその所持者に最高の保護、駅馬・食糧・護衛の提供、領内の自由通行を保証した特許状であって、ポーロ一行は時には二〇〇名前後の護衛の騎兵を支給された。実はガイハトゥ＝ハンの治世下で、イル＝ハン国の政情が不安定であって、ふつうの時期よりも国内の治安が悪かったようで、とくに手厚い保護が加えられたようである。

出発に当たって、マルコ＝ポーロは「ニコロ、マッフェオ、マルコの三使臣の名誉のために特筆すべきことがある」と前置きし、かれらがコカチン姫とマンジ王（南宋の皇帝）の王女

（実は旧南宋朝の宮女であった）をアルグン＝ハンの宮廷へ届けたという重大使命を果したことを自讃し、誇りにしている。とくに、コカチン姫がポーロ家の三人を非常に慕い、三人も彼女をやさしく保護したことを力説し、三人が暇乞《いとまご》いをしてタブリーズ市を出発するにさいして、彼女は別れを惜しんで悲嘆の涙にくれたという。ここで、マルコ＝ポーロは商人でもなく、探検家でもなく、まことにクビライ＝ハンの忠実な使節として、任務を完了した満足感と誇りとコカチン姫に対する憐憫《れんびん》の情とを読者に訴えているのである。かくて、「かくも遠隔な国からはるばると近東タタールの領主（イル＝ハン家）のもとにこれら両王女を送り届けしめる使者がニコロ氏ら三使臣をとくに選んで委託されねばならなかったという以上の事実はなんとしても名誉の極みであった」と、マルコ＝ポーロは自讃する。ここに、モンゴル帝国の大ハン、そして元朝の皇帝としてのクビライの臣下、使節であったことにマルコ＝ポーロは生涯の生き甲斐を見つけているといってよい。あとで述べるように、ヴェネツィアへ帰ったのちのマルコの後半生が輝かしいものではなかったがゆえに、なおさらマルコは大ハンの特使としての過去の栄光を偲《しの》び、追憶し、自分の名を後世に伝えようと特筆するのである。

　ポーロ家の三人はガイハトゥ＝ハンの宮廷を辞し、一二九四年のなかば、タブリーズ市を去って帰郷の旅にのぼった。黒海南東岸の海港都市トラペズントから船で黒海に出てコンスタンティノープルに渡り、コンスタンティノープルからネグロポント（ギリシア東南岸の島）へ、ネグロポントからヴェネツィア市へ帰り着いた。ときにキリスト降誕暦一二九五年のことであった、とマルコ＝ポーロは結んでいる。マルコにとって出発以来、二六年ぶりであった。しかし、ニコロもマッフェオもマルコと同道で、ヴェネツィアへ帰ったことを失念してはならない。一二九五年よりのち、マルコはヴェネツィアの一市民として第二の人生へはいるのであるが、このことは改めて次章で述べることとする。

❖マルコの苦悩

一二九五年にヴェネツィアへ帰ったポーロ兄弟とマルコとはなるべく早い機会にローマ教皇庁へ赴き、二四年前にローマ教皇から託された使命の復命を行い、新たに元朝のクビライから託された書簡を手渡して任務を完うすべきであった。しかし、このことについてはマルコ＝ポーロは全く沈黙している。ポーロ一家を教皇使節に任命した教皇グレゴリウス一〇世（在位一二七一～七六）はすでに亡く、教皇の座はそれから九人目のボニファキウス八世（在位一二九四～一三〇三）が占めていた。ポーロ一家は何はともあれ、教皇ボニファキウス八世のもとへ復命しに行くべきであった。しかし、マルコらが携えたクビライの書簡はヴァティカンに存在しないという。他方、同時代のイル＝ハンの書簡は少なくとも数通はヴァティカンに保存されているのである。英仏国王にあてたクビライの書簡も残っていない。これもマルコ＝ポーロの謎のひとつである。

ポーロ一行は教皇にあてたクビライの書簡を長途の航海の間か、タブリーズ市からの途上、トラペズント市で紛失、破損したかもしれない。イル＝ハンへの書簡も果たして所持していたかどうかわからないが、こちらの方は書簡はなくとも使命は達せられる。しかし、ローマ教皇の方はそうはいかない。ローマ教皇庁の側でもポーロ一行のことはもうすでに忘れていたと思われる。「ほら吹き」「ウソつき」「百万のマルコ」などと呼ばれて、帰郷直後のポーロ一家が世人に信用されなかったことからみて、かれらがパイザくらいの証拠物件でローマ教皇に御目通りが叶ったとは考え難い。したがって、クビライがポーロ一行に託したローマ教皇への使命は恐らく果たされなかったと推測される。そして、このことは帰郷後のマルコにとって重荷となって残ったであろうし、苦悩するマルコはこの件に関しては不本意ながら沈黙を続けねばならなかったのである。したがって、ヴェネツィアへ帰った当座のポーロ家三人は、ローマ教皇の使節として元朝へ旅し、クビライの命令でクビライの官吏として、約一七年間、元朝に在留し、ローマ教皇へのクビライの書簡を携えて、若干の個人財産を携帯して故郷へ帰ったが、ローマ教皇とは接触しなかったというのがその実体であるといえる。かれら三人はクビライの使命を果たせず、再び元朝にも帰らず、しかも全く環境の変わってしまった故郷で、新しく生きる道を探さねばならない引揚者であったのである。かくて、マルコには自分の体験を語り、これを口述して後世に伝えることとしか残らなかった。一二九四年に崩御したクビライの死を忠臣マルコはいつ、どこで、どのような感慨をこめて知ったのか、何も伝えられていない。その後のマルコについては第Ⅵ章で改めて述べることとしよう。

❖バール＝サウマの役割

すでに述べたように、イル＝ハン国初期の君主はイスラム勢力、マムルーク朝攻撃のためにローマ教皇と英仏国王とに軍事同盟を求めていた。これに対して元朝のクビライ＝ハンも兄弟国家ともいうべきイル＝ハン朝に協力していたし、他方、西欧も十字軍的感覚からこれに応ずる姿勢をとっていた。ポーロ兄弟とマルコはかれら自身の商業上の目的は持っていたにせよ、結局、両者の外交政策の道具となり、使節という肩書でアジア大陸を飛びまわったわけである。元朝で十数年在留していたポーロ兄弟らがこの外交政策に関してどのような役割を演じたかについては明らかでないが、かれらと肩を並べる人、かれらに続いて東西外交上の役割を演じた人は皆無ではなかったのである。

そのひとりが元朝のネストリウス教司祭のバール＝サウマなる者である。バール＝サウマは今の内モンゴル自治区の陰山山脈のなかに根拠をおいていたトルコ系のオングート族の出身でネストリウス教の司祭であった。実はオングート王家、オングート部民はネストリウス教徒であったが、そのオングート人のマルコスという青年がバール＝サウマに師事して修行を積んだ。マルコスはバール＝サウマに懇願して、西アジアへ旅行して聖墓・聖跡に詣で、さらにイェルサレムの聖地へ巡礼する決意をした。両人はオングート王家の許可を得て、一二七七年前後に、陰山山脈中のオングート王城コシャン（浄州ともいう地）を出発して西アジアへの旅路についた。実はこの二人の修道士の数奇な一生についてはシリア語で書かれた『マール＝ヤバラーハー三世と聖僧サウマの歴史』（一四世紀ごろの著）によって知ることができる。サウマとマルコスは寧夏・甘州を経てタ－リム盆地の南路を進み、ホータン・カシュガル・トゥースの各市を訪れたのち、イラン北部のマラーガ市にたどりついた。途中、二人は中央アジアの大ハン、海都《カイドウ》に面会しに行き、パイザを授けられ、戦乱中の道路の安全を保障してもらった。さて、かれらはマラーガ市でネストリウス教会の総大主教（法王、カトリコスともいう）デンハに会い、ついでアバカ＝ハンに謁見して親書をもらい、イェルサレムへ旅立ったが、途中、盗賊団の横行で旅行を断念し、バグダードへ引き返した。そこで法王デンハはマルコスを「首都大主教（メトロポリタンという）」に、サウマを巡察総監にそれぞれ任命し、元朝で教会の発展に尽くすよう勧めた。また、法王はマルコスに「ヤバラーハー」（シリア語で《神がかれに与えた》という意）という称号を与え、《カタイとオングート諸都市の首都大主教》の職につけた。これは一二七九年のことで、ヤバラーハーはときに三五歳、サウマはそれより一〇歳以上の年上であった。かくて、二人は元朝への帰路についたが、中央アジアの兵乱のため、道路が通れず、引き返した。

この二人のネストリウス教司祭は単に宗教的動機のみでイェルサレム巡礼に出かけたのであろうか。当時、オングート王家は「西方から修道士や司教たちをこの地に招こうと努力していた」というが、それにもかかわらず西アジアへ旅行したのはやはり個人的な宗教的動機によるものであったか。ひょっとしたら二人の旅行はクビライの承認を受け、イェルサレム情勢の調査を目的としたものであったのかもしれない。二人の聖僧は目的を果たせなくては、おめおめと帰国できない心境にあったから、法王デンハがかれらを元朝における高位の聖職者に任命したのは、教会発展のための人事政策であったといえる。

ところが、一二八一年に法王デンハが他界して、マルコスが思いがけなく後任の法王に推挙されることになった。マルコスすなわちヤバラーハーがイル‐ハン家の慣習・言語に通じているため、ハン家の保護を得るのに都合がよいと教会の幹部が功利的に考えたのである。これがネストリウス教会のカトリコス‐ヤバラーハー三世（在位一二八一～一三一七）であり、アルグン‐ハンの治世にネストリウス教会は発展をとげた。しかし、ガザン‐ハンの時代に大迫害を受けて教団は急速に衰退した。他方、バール＝サウマにも新しい運命が開かれた。一二八七年、アルグンは西欧と軍事同盟を結ぶため、使節を派遣することになり、バール＝サウマにその任務が託された。サウマ使節団は一二八七年、コンスタンティノープル、ナポリ経由でローマに向かったが、たまたま教皇ホノリウス四世（在位一二八五〜八七）が昇天したので使命を果たせなかった。ついでジェノヴァ、ロンバルディ地方（イタリア北部）経由でパリへ赴き、フランス国王フィリップ四世に謁見した。フランス国王は軍事同盟についてはっきりした返事をしなかった。ついで、サウマは当時フランス南西部ガスコーニュ地方にいたイギリス国王エドワード一世に会うためにボルドー市に行って会見したが、使命は果たせなかった。そこでサウマは帰途につき、一二八七年の冬をジェノヴァですごした。一二八八年二月に新しい教皇ニコラウス四世（在位一二八八〜九二）が立ったので、早速、ヴァティカンに赴いて会見した。サウマは歓待を受けたが、西欧との軍事同盟の件については教皇から返答を得ることができず、空しく帰国して、アルグンに復命した。西欧側はもはや十字軍には興味を失っていたのである。マルコスもサウマも結局は元朝へ帰ることなく、イランの地で他界したが、この二人のネストリウス派の聖僧の波瀾にみちた生涯は「タタールの平和」を象徴するものであった。とくにサウマの西欧旅行はポーロ家帰国のさいの使命と軌を一にするものであり、ポーロ家の果たせなかったローマ教皇との接触をともかくも一足さきに実現したものであった。

マルコ＝ポーロに続いた人々

❖モンテ＝コルヴィノの使命

アルグン＝ハンの使節サウマがローマ教皇ニコラウス四世と面会した一二八八年という年はマルコ＝ポーロらが元朝を去った年よりも三年前のことであった。ニコラウス四世はポーロ兄弟を元朝に派遣した教皇グレゴリウス一〇世以上に東方問題に意欲を燃やしていた。ニコラウス四世は聖僧サウマから、イル＝ハン国、元朝についての情報を入手し、イランのネストリウス教会やアルグン＝ハンを仲介として中央アジア、元朝へのカトリック布教の計画をたてようとした。十字軍によって、イェルサレムを奪還することが不可能と覚ったローマ教皇庁は東アジアへ伝道十字軍を派遣して教会の発展を計ったといってよい。その最初の宣教師兼使節に選ばれたのがモンテ＝コルヴィノのジョン修道士（一二四七〜一三二八）であった（以下、略してモンテ＝コルヴィノと呼ぶ）。

モンテ＝コルヴィノは南イタリアに生まれたフランシスコ修道会士であって、一二八九年、教皇ニコラウス四世から東方派遣の教皇特使に任命された。教皇は小アルメニア王国、東方教会諸派の総主教と主教たち、イル‐ハン国のアルグン、元朝のクビライなどにあてた合計二六通の書簡をモンテ＝コルヴィノに託したが、その真の目的は元朝へ赴いてキリスト教を伝道することにあった。しかも、この計画はサウマの勧誘に強く動かされた結果であった。これは、一二七一年にグレゴリウス一〇世がポーロ兄弟と二人のドミニコ修道会士に託した使命と全く同じ性質のものであった。すでに述べたように二人のドミニコ会士は使節行を放棄し、俗人であったポーロ兄弟も元朝において伝道的役割を果たすことはできなかったのである。したがって、モンテ＝コルヴィノの元朝旅行の目的は西欧モンゴル連合十字軍の夢は捨てて、カトリック伝道に重点をおいたもので、ポーロ兄弟の東方旅行と同じ性格のものであったし、また、はるかに溯ってカルピニ、ルブルクの東方旅行と同じ流れを汲《く》むものといえよう。

　モンテ＝コルヴィノは一二八九年、ヴェネツィアを出帆し、小アルメニアのアイヤース市に着き、一二八九～九〇年にかけてイル‐ハン国へ向かって出発した。あたかもこのころ、二世紀にわたった十字軍の歴史は完了していたのである。すなわち、一二八九年四月に、トリポリはマムルーク朝のスルターン‐カラーウーンによって奪取され、さらに九一年四月には最後の要塞アッコも陥落し、イェルサレム王国は滅亡したのである。モンテ＝コルヴィノはこのことには眼もくれず、タブリーズ市へ赴き、一二九一年にタブリーズ市を出発してホルムズへ着いた。かれは元朝へ行くのに中央アジア陸路をとらず、インド洋経由の南方海路をとった。すなわち、ポーロ家三人の帰路の逆コースであった。かれはホルムズ港を出帆して、まず、インドへ寄港したことは確実で、インド東海岸のマイラプール（マドラス付近）にあった聖トーマス寺院に一三か月滞在したのち、一二九三年のはじめ、元朝本土へ向かって出帆している。一二九三年と言えば、ポーロ家一行がインド洋、アラビア海を航海してホルムズ港に上陸した年であるから、モンテ＝コルヴィノとポーロ家一行はホルムズ港で行きちがいになったか、インド沿岸沖合いで、東と、西とに、すれちがっていたわけである。モンテ＝コルヴィノはマラッカ海峡を経て南シナ海にはいり、ザイトン港（泉州）に上陸した。そして陸路北上し、大運河の線に沿って旅して、一二九四年、元朝の首都ハンバリク（大都）に到着した。かれはただちにサウマの故郷である陰山山中のオングート王城へ赴き、その王ギワルギスをネストリウス教からカトリックに改宗させ、王城内にカトリック教会堂を建て、伝道につとめた。しかし、クビライは一二九四年に死んだので、モンテ＝コルヴィノがクビライに謁見できたかどうか明らかでない。

クビライを継いだ皇帝テムル（元朝の成宗）はカトリック教を信奉しなかったけれども、モンテ＝コルヴィノの伝道活動をとくに妨害はしなかった。西欧キリスト教世界に強い関心を持ったクビライに比し、その後継の皇帝たちはローマ教皇の使節に対しては特別の関心を持たなかった。モンテ＝コルヴィノは一三〇八年から二一年の間に、ハンバリクで没したと推定されている。かれがハンバリクから故郷へ送った二通の書簡が残っているが、この通信という事実は興味深い。とくに注目されるのは、一三〇五年に金帳ハン国のトクタ＝ハン（在位一二九一～一三一二）が元朝へ派遣した使節団に同行してハンバリクへ来た知人を通じて、モンテ＝コルヴィノがクリミア地方の修道会士かヴェネツィア商人と覚しき人々に手紙を送って異境における自分の消息を伝えていることである。かれはハンバリクで教会堂を建て、中国人の児童に洗礼を施したりして布教につとめていたが、生活は心細いものがあったのであろう。かれは自分の消息を黒海方面にいた友人たちに伝えようとつとめていたにちがいない。このことからみて、ポーロ兄弟も元朝に一七年滞在している間に、故郷のヴェネツィア商人仲間と連絡できなかったはずはないと思われるのだが。他方で、当時、アヴィニョンに移されていた（いわゆるバビロン幽囚）ローマ教皇クレメンス五世（在位一三〇五～一四）はモンテ＝コルヴィノを《全東方の大司教、総大司教》に任命し、また、モンテ＝コルヴィノの要請に応じて七人の司教を元朝へ派遣した。そのうちの三人がハンバリクへ到着した。かれら三人はザイトンで司教職についたが、それもモンテ＝コルヴィノの没後であった。モンテ＝コルヴィノの事蹟はマルコ＝ポーロの問題とはややはなれているように見えるけれども、かれはポーロ家の果たせなかった使命の実現に着手した最初の人物であり、マルコ＝ポーロのあとを追った人として評価しなければならない。

❖オドリクの東方行

フランシスコ修道会士、ポルデノーネのオドリク（以下、オドリクと略称）も一三一六〜三三年にアジア諸国ならびに元朝へ旅行して帰国した。オドリクは一二八六年、ヴェネツィア共和国のフリウリ地方のポルデノーネに生まれ、一三一六年に東方旅行の途についた。かれの前半生や旅行の動機、ローマ教皇からの伝道使命の有無などについては何も知られていない。かれは一三一八年ごろ、コンスタンティノープル、トラペズント、大アルメニア、イランを経てホルムズ港から出帆し、一三二一年にインド西海岸のタナ港についた。ついでインド大陸の南端を航海してマイラプール港につき、聖トーマス寺院を訪れている。そして一三二三年ごろ、ここを出帆してジャワ島、インドシナ半島のチャンパ（占城）を経由して、一三二四年ごろには、海路で中国のシンカラン（広州を指す）に上陸し、一三二八年まで元朝に滞在した。かれはハンバリク（大都）へ行ってモンテ＝コルヴィノの世話になり、この地に滞在した。かれは福州・杭州・泉州・揚州などの諸都市を訪れたが、モンテ＝コルヴィノとともに伝道に従事したのかどうか記録はない。ローマ教皇からの連絡役であったのかもしれない。オドリクは一三二八年にハンバリクから帰途につき、今度は中央アジア経由の陸路を選んだ。かれの帰路は内モンゴルの天徳からティベットへ赴き、ティベットからターリム盆地のホータンへ出て、イランへ進み、一三三〇年に一四年の東方旅行を終えてイタリアへ帰った。かれはローマ教皇ヨハネス二二世（在位一三一六〜三四）の許可を求めて再度の東方旅行を企てたが、病いのため引き返し、故郷へ帰って、一三三一年に他界した。

オドリクの東方旅行なかんづくハンバリク訪問の目的や意義は史料が乏しいので明らかでないのは残念である。ハンバリクでモンテ＝コルヴィノとカトリック伝道のことについていろいろと話し合ったことは間違いない。オドリクもかなり詳しい『東方旅行記』を口述筆録させた。かれの旅行の範囲はポーロ一家のそれに次ぐものであるが、内容的にも、また記事の精確さでもマルコ＝ポーロの『世界の叙述』には及ばない。とはいえ、オドリクの記事は一四、五世紀のヨーロッパの地図学者にもとりいれられていて、やはり重要な意義を持っている。

❖マリニョーリ、崩壊前夜の元朝へ

フランシスコ修道会士マリニョーリのジョン修道士（以下、マリニョーリと略称する）は一三三八年から五三年にわたる一五年間、東アジアへ旅行し、ハンバリクを訪れ、多分、元朝の大ハンに謁見したのち、はやばやと中国を去ったローマ教皇使節であった。かれもまた、マルコ

＝ポーロに続いた人々のひとりであった。しかし、マリニョーリの元朝訪問に先立って、元朝大ハンとローマ教皇との間に注目すべき接触があったことにふれておかねばならない。

モンテ＝コルヴィノの死後、ローマ教皇ヨハネス二二世はかれの後任として大司教ニコラウスを派遣した。しかし、ニコラウスはその途中、中央アジアのイリ渓谷にあるチャガタイ＝ハン家の宮廷にとどまって（一三三五～三六年ころ）、結局、ハンバリクへ赴かなかった。実はイリ地方のアルマリク市や、チュー河流域地方にかなりのネストリウス教徒がいたので、ニコラウスはイリ地方を基地としてカトリック伝道に専念する方針をとったのかもしれない。もうひとつの事件はハンバリク在住のアラン族の代表がローマ教皇のもとへ使節として派遣されたことである。アラン族は阿速《アス》族ともいい、がんらいカフカズ北部の原住民で、モンゴルによる征服の余波として、アラン人の兵士が軍団としてハンバリクに駐屯するにいたったものである。さらに、このアラン人はモンテ＝コルヴィノの伝道によってカトリックに改宗し、これが機縁となってローマ教皇へ使節として派遣されることになった。元朝の皇帝は使節団一行一五人に書簡を託し、ローマ教皇がハンバリクに代表を常駐させるよう懇請したという。しかし、これはその額面通り受けとることはできまい。一行は一三三八年に実際に南フランスのアヴィニョンに着き、教皇ベネディクト一二世（在位一三三四～四二）に謁見した。この教皇が元朝大ハンの書簡に応じ派遣することになった使節がマリニョーリであったわけである。

マリニョーリのジョン修道士はイタリア、フィレンツェ市付近のマリニョーリ村で生まれた。かれの出生年代は不明であるが、一二九〇〜九五年の間と推定されている。マリニョーリはモンテ＝コルヴィノの後任として選任され、一三三八年、アヴィニヨンを出発した。コンスタンティノープル経由で金帳ハン国のサライ＝ベルケ市へ赴き、ウズベク＝ハンに教皇の書簡を渡した。さらに一三四〇年の末にはイリ渓谷のアルマリク市に行き、チャガタイ＝ハン国の宮廷に同じく書簡を渡し、二人のカトリック司祭に会って、前年に迫害を受けたこの地方のカトリック教団の復興につとめた。ここに約一か年滞在したのち、モンゴリア高原の南部を経て、北方から元朝本土にはいり、一三四二年にハンバリクに到着した。

マリニョーリによるとかれの使節団はハンバリクまでは三二人であったという。一行は元朝の最後の大ハンとなったトゴン＝テムル帝（順帝、在位一三三三〜七〇）から厚くもてなされたが、マリニョーリに委ねられた使命がこの時点においては所期の成果を得られなかったことは当然であった。ただ、当時の元朝史料によると、至正二年（一三四二）に西域仏郎機《フランキ》（フランク人）の使者が来て、皇帝に謁見して西域馬一匹を献上したという記事があり、これがマリニョーリを指すことは確実であるといわれている。マリニョーリはハンバリクに約四年間滞在したが、元朝末期の衰退と不穏な政治・社会状勢を感知したのか、一三四六年の秋に早々と帰国の途についている。これはまことに賢明な策であって、もう数年も滞在していたら、元末の反乱のため、不幸な運命に見舞われていたかもしれない。

マリニョーリはハンバリクから陸路、ザイトンへ赴き、一三四六年一二月、この港から出帆し、一三四七年にインド西海岸のクイロン港に着いた。その後、海路でホルムズまで行き、そこから陸路を通って、バグダードを経てイェルサレムへ向かい、一三五三年にアヴィニヨンの教皇インノセント六世（在位一三五二〜六二）のもとへ帰った。マリニョーリの帰路はザイトンからホルムズまではほぼポーロ家一行のそれと同じであった。マリニョーリはその壮大な東方旅行については一貫した記録を残さなかったが、かれが元朝に対するカトリック伝道のため、ローマ教皇から派遣された使節であったことは疑いない。「タタールの平和」機構が漸く崩れはじめ、とくに大ハン家たる元朝が崩壊の前夜にあったことを思うと、この使命じたいは実現不可能なものであった。

モンテ＝コルヴィノ、オドリク、マリニョーリの三人の修道士はローマ教皇の計画したカトリック東方伝道のため、教皇から派遣された特使であって、ポーロ家一行が開拓した陸と海の東西交通体系を利用して元朝とローマ教皇庁の間を往復した（モンテ＝コルヴィノは客死）。かれらは、ポーロ家のあとに続き、ポーロ家の果たせなかった使命に挑んだのであり、ポーロ兄弟とマルコの歴史的意義を理解するためにも、これら三人の修道士の事蹟の概略を理解しておくことが必要なのである。

VI

マルコ＝ポーロの遺産

不本意な後半生

❖奇蹟的な帰還

すでに述べたように、ニコロ・マッフェオ両兄弟とマルコは一二九五年にはヴェネツィア市へたどりつき、懐かしの故郷の土を踏んだのである。一行がローマ教皇の使命を受けて、一二七〇年にヴェネツィアを出発してから、約二五年目のことであった。モンゴリア高原のカラコルム城を訪れたカルピニ、ルブルクを別として、ポーロ家の三人は西洋人としてはじめてイラン・中央アジアの砂漠と草原を旅し、未知の世界、中国を訪れ、元朝及びモンゴル帝国の皇帝クビライの官吏としてこの地に一七年間、生活した。そして幸いにも中国を離れる機会に恵まれ、必ずしも安全を保障されなかった南海・インド洋を航海し、香料と偶像教の熱帯アジアの地を見聞しながら、イランへ着いた。その帰途もトラペズント市で危難に遭いながらも、懐かしい聖マルコ寺院の鐘楼《しょうろう》がそびえ、ゴンドラの忙しそうに往来する水都ヴェネツィアへ帰郷し

聖マルコ寺院　　イタリア政府観光局提供

得たことじたい奇蹟とも思えたであろう。かれらはどんな感慨をこめてこの故郷の町なみを眺めたことであろう。

マルコはもう四〇歳を越し、アジアの数か国語をあやつり、西洋人のだれも知らないアジア文明の観察者・体験者となっていた。父のニコロ、叔父のマッフェオはもう老年期にはいっていたはずである。しかし、三人揃って無事、帰郷できたということはめでたいことでもあるし、また、奇蹟的とも言えよう。かれら三人のヴェネツィア帰還については、ヴェネツィアの史料や年代記には何も語られていない。「世界の驚異」の見聞者たるポーロ家三人に対してヴェネツィア市民がどのような反応を示したかは、かなり後世に作られた伝承とか、われわれ史家の想像力に頼るより他に方法はなさそうである。日本人の感覚で言えばかれら三人は「浦島太郎」のようなものであったであろう。

マルコ＝ポーロ関係の伝承（イタリアの年代記作者ラムージオその他）によると、帰国早々、ポーロ兄弟とマルコは

ポーロ家三人の帰還
25年ぶりでヴェネツィアの自宅に帰ったが、中にはいることを拒否される

かつてのわが家の扉を叩いたが、そこには見知らぬ人が住んでいたという。三人がヴェネツィアを去ってから二五年の歳月の間、音信は不通であったし、突如、アジア風の服装をつけ、身振りや態度も異国風に変化して帰ってきたこの三人をポーロ家の者とはだれも信じようとしなかった。実はマルコにはマッフェオという異母弟がいた。つまり、一二六九年にニコロが帰郷したとき娶《めと》った後妻の子で、健在であった。さらに、従弟のフェリチェ＝ポーロとその妻フィオルデリサもいたし、ニコロの二人の庶子もいたことが或る文書から分かっている。これらの親族も帰郷した三人に対しては半信半疑であっただろう。伝承によると、三人はこれらの親族を信用させるため、盛大な宴を開いて、アジアから携えて来た真紅の繻子《シュス》の着物を切って召使いに与えたり、ついで自分たちの着ていた粗末なタタール服を切り裂いて、そのなかに縫い込まれていたルビー・サファイア・ダイヤモンドなどの宝石を引き出して見せたりした。そこで親族は三人を信用したかどうかは別として、表面上は親戚として認めることになったという。三人の話はまもなくヴェネツィア中に知れわたり、貴族も平民も三人の家を訪れて歓迎の意を示し、かれらから素晴らしい旅行談を聞

いたという。これらの話は伝承で、史実ではないが、ありそうな話であると言ってよい。ポーロ家の三人が元朝やインドで莫大な財宝や商品を持って帰郷したと言われているが、そのような証拠は乏しい。一行は帰途、スマトラ島で季節風を待つため、五か月もの間滞在し、その間、野蛮な原地人の襲撃を警戒するため一苦労した。またホルムズ港に着いたとき、人員は一八名を余すのみとなり、アルグンの三人の重臣のうちの一人のみが生き残り、婦女の残存する者一人という惨憺《さんたん》たる有様であった。さらに帰国直前のトラペズント滞在中には動乱に遭って、ジェノヴァ人のためにかなりの掠奪を受けたようである。したがって莫大な財宝を持ち帰ったということは考え難いのである。

❖ジェノヴァとヴェネツィア

マルコが帰国した一二九五年から二、三年の間、マルコにおこった出来事については記録が極めて乏しいので、ほとんど明らかになっていないのである。ところが一二九〇年代に激化したジェノヴァとヴェネツィアとの対決、とくに両国間で戦われた海戦の一つでマルコが捕えられてジェノヴァの牢獄に繋がれるという事件がおこり、これが計らずもかれの『世界の叙述』誕生の機縁となったのである。

イタリアの都市共和国のなかの二強ともいうべきヴェネツィアとジェノヴァとは一三世紀初

頭以来、つねに敵対関係にあった。とくに一二〇六年につくられたラテン帝国はヴェネツィアの策略によるものであって、ヴェネツィア人はコンスタンティノープルと海峡地帯の海上権と通商権を独占して、ジェノヴァ商業を抑圧した。しかし、一二六一年にニケア帝国の皇帝ミカイル＝パレオロゴスはコンスタンティノープルを占領し、ラテン帝国を打倒して、ビザンティン帝国を復興した。これとともに、ジェノヴァ人はこのビザンティン皇帝と条約を結び、ヴェネツィア人に代わって通商特権を獲得するにいたった。これより、ジェノヴァの商業勢力は黒海から、クリミア半島さらには金帳ハン国へ伸張した。ポーロ兄弟が一二六一年に金帳ハン国の首都へ到着したのはこのジェノヴァ勢力復興の直前のことだった。

ジェノヴァ人は一二七四年にクリミア半島のソルダイア（スダクともいう）に根拠を占め、この地にいたヴェネツィア人を追放し、一四世紀にかけて黒海商業をほとんど独占した。他方、アナトリア・大アルメニアを経てイル＝ハン国の首都タブリーズへ至る中継商業路を開拓し、エーゲ海・キプロス島の商業活動を発展させ、イラン本土を基地として香料の国、インドとその後背地との中継貿易に参加しはじめ、自らもインド洋へ進出しようとしたが、実現しなかった。ポーロ一家三人の元朝滞在中に黒海・中近東・イランにおける商業活動はジェノヴァ人の手中に握られてしまったのである。しかし、ヴェネツィア人はジェノヴァ人に対して頑強に争い、一二八〇～九〇年代の東地中海では両国は絶え間のない戦争を続けていた。一二九四年に

ガレー船による戦闘　　中世のフレスコ壁画

ヴェネツィア艦隊がギリシア近海で三隻のジェノヴァ軍艦を捕獲したことから、またも憎しみが燃えあがり、ヴェネツィア艦隊はアイヤース湾の海戦で大敗を喫した。ローマ教皇ボニファキウス八世が両国間の仲裁にはいったが効なく、一二九六年に黒海沿岸の各地で両国人の間で殺掠《さつりゃく》がおこり、敵意はさらに燃えあがった。

一二九八年にラムバ゠ドリアの指揮するジェノヴァ艦隊はイタリア本土と今のユーゴスラヴィア国にはさまれたアドリア海へ進出した。これに対しヴェネツィアもアンドレア゠ダンドロの指揮する艦隊を送って迎撃した。この艦隊の一隻のガレー船にマルコが指揮官の一人として乗り組んでいたという。ガレー船とは古代から地中海海域で用いられた櫂《かい》で漕ぐ細長い形状をした船舶で、とくに中世ヴェネツィア・ジェノヴァで戦艦や護衛船として用いられたものである。両国の艦隊がダルマティア（ユーゴスラヴィアの海岸地方）沿岸沖のクルツォラ島の東方海上で遭遇したのは九月六日、土曜日の午後であった。翌七日の海戦でヴェネツィア艦隊は完敗を喫し、六、七〇〇〇人のヴェネツィア人は捕虜となった。この時マルコも同じく捕えられて、一〇月一六日にジェノヴァの牢獄に収容されたと伝えられる。マルコが一二九八年にジェノヴァの牢獄にいたことは間違いないが、どういう事情で投獄されたのか、それは一二九八年のことか、あるいは一二九六年のことであったのか諸説紛々としている。

❖ジェノヴァの囚人

このようにして、マルコはその他の船員、兵士たちとともにジェノヴァの囚人となったのである。この獄中でマルコはピサ市出身でルスティケッロという文筆の才のある物語作者と知り合いになった。恐らくマルコは獄中で退屈をまぎらわすためにかれの東方見聞談を囚人仲間に話したにちがいない。その話が獄中のみならずジェノヴァ市民の間へも伝わり、これに深い興味を覚えた市民がマルコを訪れて話を聞き、かれに敬意を表するようになったという伝承もある。したがって、ピサ市出身の物語作者ルスティケッロがマルコの見聞談を書きとり、その記録を保存しようとしたことは間違いない。ところでピサのルスティケッロがどうしてジェノヴァの獄にいたのであろうか。ローマ帝国時代からの古都ピサはジェノヴァの南西一二〇キロの海岸よりの地点にあり、その外港は商工業によって繁栄し、一二、三世紀にはイタリアの都市共和国の一つとして強力になっていた。そのため必然的にジェノヴァと争う運命となり、ピサはしばしばジェノヴァとの海戦をくり返し、一二八四年夏にはピサの艦隊はアルノ河口、メロリア島沖の海戦でジェノヴァ艦隊のため惨敗を喫し、一万人以上が捕虜となった。ルスティケッロはマルコが投獄された時よりもかなり以前からジェノヴァの牢獄に投ぜられていたと見られる。

マルコはその『世界の叙述』の序章の冒頭部で「マルコ氏がジェノヴァの牢獄に捕虜となって繋がれていたとき、同じく囚われの身となっていたピサの人ルスティケッロに口述して筆写させ、これらの事柄（東方見聞談のこと）をすべて記録に留めた。時にキリスト降誕暦一二九八年であった」と明記している。これが『世界の叙述』という見聞録ができあがった事情である。ジェノヴァ牢獄におけるマルコとルスティケッロとの出会いが『世界の叙述』という不朽の名著誕生の機縁となったということはまことに運命のいたずらとも言うべきである。これはマルコの一生の最も重要な瞬間であり、後世の歴史家に奇蹟的にも贈られたマルコの遺産となったということができる。『世界の叙述』の成立の過程についてはまた、あとで述べることにして、その後のマルコの一代をたどってみよう。

❖「百万のマルコ氏」

マルコが東方見聞談を口述し終わったところ、ジェノヴァとヴェネツィア間に和解がなり、平和条約が結ばれた。その結果、捕虜も釈放されることになって、マルコも釈放され、一二九九年八月ごろにヴェネツィア市へ帰った。マルコが父ニコロの健在な姿に接したかどうかは不明であるが、少なくとも一年後(一三〇〇年八月)には父ニコロは存命していなかったようである。この時期には叔父のマッフェオは生きていたが、その死亡年次はわからない。ある文書によると、叔父マッフェオは一三一〇〜一六年の間に他界したことが知られる。マルコはその見聞録を口述した前後から、同時代人によって《イル-ミリオーネ》という渾名《あだな》がつけられていた。この語は《百万》という意味で、これはマルコが自分のかつての主君クビライや元朝について話すときに、その富が百万を数えるという言葉を使うのがつねであったからで、《百万のマルコ氏》と呼ばれたのであり、また、かれの見聞録の書名としても広く用いられた。

マルコはヴェネツィア市民としてどういう活動をしたのか、華やかな商業活動を営んだのか、こういう点はよく分かっていない。『世界の叙述』のなかではマルコはつねに《マルコ氏》と呼ばれており、ヴェネツィアの文書では《ノビリス-ヴィル》すなわち《貴族》マルコと呼ばれている。マルコはもちろん商業にも携《たずさ》わったが、マルコ及びその一族の者の遺言書を検討しても、かれらが所有していた財産はつつましいものであり、商業活動で巨利を収めたという形跡は見当たらない。また、ポーロ家の不動産もサン-ジョヴァン-グリソストモ付近の現在のコルテ-デル-ミリオーネ付近の家屋(現在は存しない)のみであった。一三一一年のある文書によると、マルコはかれの代理人パウロ＝ジラルドが一ポンド半の目方の麝香《じゃこう》を六グロス金貨の値段——これはかなりの金額らしい——で売りそこなったとして、この代理人を告訴していることがわかる。これはマルコが金銭的に窮していたことを示している。いずれにせよ、マルコにはヴェネツィアの大商人らしい姿はないのである。

マルコは一四世紀のはじめに結婚したと思われる。というのは、マルコが他界した一三二四年に、すでに結婚した娘二人と未婚の娘一人があったことが遺言書から分かるからである。三人の娘はファンティーナ、ベレッラ、モレータ（一三三三年、結婚）といった。マルコの妻はドナータという名だが、その姓は明確ではない。一三二三年のある家屋関係の文書にマルコの名が出ているのがかれの生存中の最後の姿である。

一三二三年の冬、マルコは六九歳の齢であったが、漸《よう》く健康の衰えが見えはじめ、死期の迫っているのを知って、遺言状を作製することを決意した。そのため、ジォヴァンニ＝ギゥスティニアーニという公証人が呼ばれ、マルコの枕頭《ちんとう》で遺言が書かれた。マルコはその後まもなく、恐らく一三二四年に亡くなったのであろう。マルコの遺骸はかれの遺言に従ってヴェネツィア市内のサン-ロレンツォ教会堂の父ニコロの墓の傍らに葬られた。このようにして、かつてのローマ教皇の使者、クビライの忠臣、中世アジア文明の観察者として不朽の名声を得たヴェネツィア人マルコ＝ポーロ氏は永遠の眠りについたのである。以上はヴェネツィア帰還後のマルコの行動とか伝記について、比較的確実と見られる点について年代記的にまとめてみたのであるが、このように僅かなことしかまだわかっていないのである。

❖マルコの一族

マルコを生んだヴェネツィアのポーロ家の起源については二、三の伝承が残っているが、多少とも信頼できそうなのはポーロ家が一一世紀にダルマティアのセベニから移住してきたという説である。ポーロ家の一族は一一世紀末にはヴェネツィア都市共和国の参政官の席を占めたと見られている。しかし、マルコの先祖として確認できるのは一三世紀の初期に在世したかれの祖父のアンドレア＝ポーロからである。もっと正確に言えばかれの祖父はサン＝フェリチェのポーロ家に属する。アンドレア＝ポーロにはマルコ、ニコロ、マッフェオの三子がおり、このニコロがわがマルコの父であった。「旅行家」マルコは同時代人からは《貴族》の称号を受けていたことからみて、このポーロ家は貴

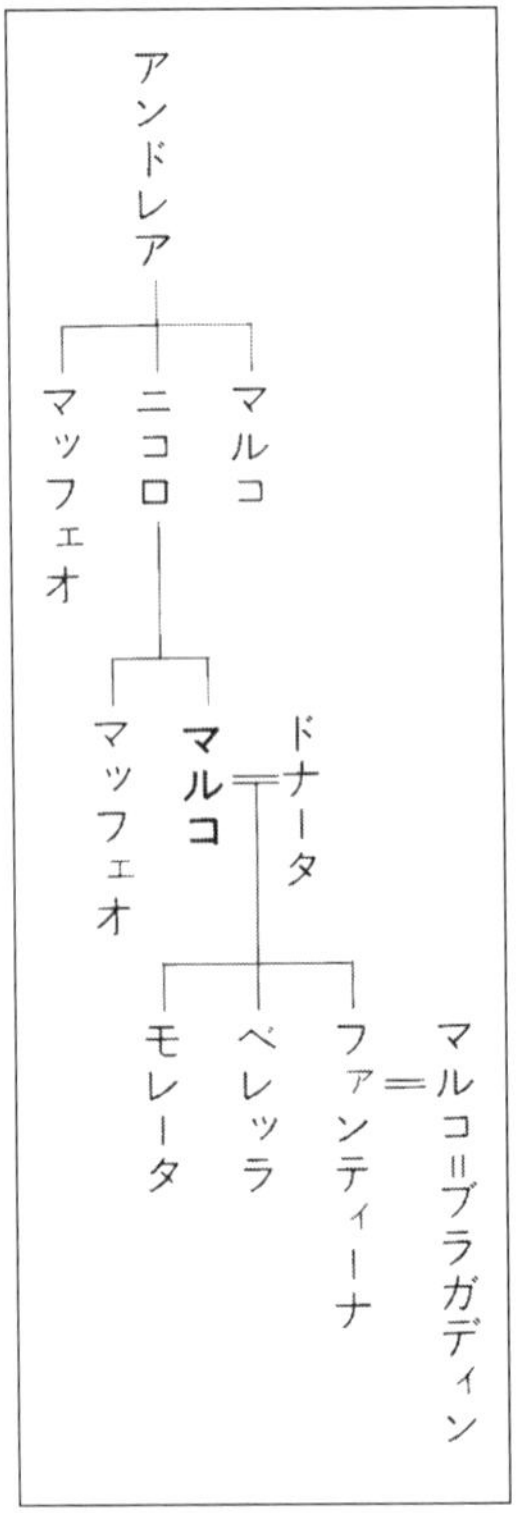

ポーロ家略系図

族の身分であったと言える。アンドレアの三子のなかでマルコは長子で、マッフェオは末子であったようで、かれらは合資で商業を営み、黒海地域で活躍していた。伯父マルコは一二八〇年に遺言状を作製しているが、その没年代はわかっていない。ニコロには「旅行家」マルコとマッフェオという二子があった。すでに述べたように、ニコロ・マッフェオ兄弟は、一二六〇年にコンスタンティノープルへ商売のため赴いたが、このとき、ニコロには最初の妻がおり、マッフェオは独身であったらしい。ポーロ兄弟は金帳ハン国、ブハーラ市を経て元朝に赴き、クビライの使命を受けてアッコに帰ったのが一二六九年四月である。すぐにヴェネツィア市へ帰ると、ニコロの妻はすでに死んでおり、一五歳のマルコが待っていたわけである。マルコが父の留守中に生まれたという説が有力である。かくて、一二七〇年末か一二七一年はじめ、ポーロ兄弟とマルコは元朝へ向けて出発し、二六年間の海外生活ののち、三人は一二九五年に揃って帰郷した。一三〇〇年頃に父ニコロは死に、マルコはジェノヴァに捕えられたのち、釈放され、そののち、結婚したにちがいない。かれの妻ドナータと三人の娘についてはマルコの遺言状から知られる。

　余、マルコ＝ポーロはわが愛する妻ドナータ及び親愛なる三人の娘、ファンティーナ、ベレッラ、モレータを管財人に指名して、余の死後に余の意志と遺産とを執行させるものとす。

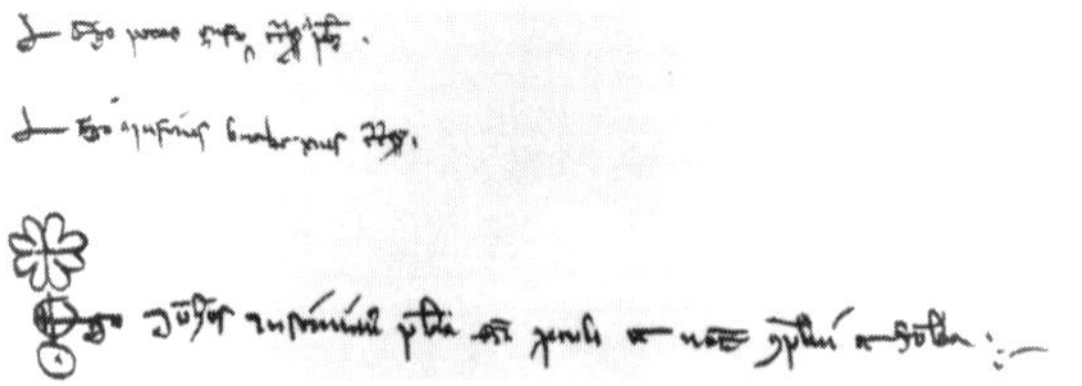

マルコ=ポーロの遺言状の末尾

第一にカステッロの司教に十分の一の献納金を、また、余が埋葬されんことを望むサン-ロレソツォ寺院にヴェネツィア金貨で二〇〇〇リラすなわちヴェネツィアーグロッソで二〇ソルディを納むべし……（中略）……残余の財産より、余はわが妻にして管財人たるドナータに、以前に定めたる額の他に、彼女自身の用途のため、終身年金としてヴェネツィアーグロッソの八リラと三箇の寝台、リネン布、すべての家具類一式を譲渡す。また、余の三人の娘ファンティーナ、ベレッラ、モレータには残余の一切の動産、不動産を平等に分配するものなり。娘モレータが結婚のさいには持参金として他の二人の娘のそれと同等の金額を与うべし。

この行為に対する指示を与えしマルコ=ポーロ氏の署名。証人、公証人の署名。

この遺言状によると二人の娘はマルコの在世中に結婚し、末娘モレータのみ未婚であった。その後の文書によると、一三三三年にはモレータが結婚していること及びベレッラが死んだことがわかる。一三三六年にはドナータが死んだと見られる。

長女のファンティーナは一三一八年にマルコ=ブラガディンと結婚し、四人の男子と二人の女子を生み、一三七五～八五年の間に死んだ。ファンティーナの子供のなかでピエトロ=ブラガディンなる者は一三八八年には在世していた。マルコの次女ベレッラ、末娘のモレータは二人とも子供がいなかったらしい。マルコの子孫は一四世紀の末にはほとんど絶えてしまったと言える（H＝ユール『マルコ＝ポーロ』）。

最後の問題として、マルコの墓がどうなったかということが残る。マルコの墓がヴェネツィアのサン－ロレンツォ寺院にあったことは確実だが、この寺院は二五〇年後に改築されることになり、一五九二年に完成している。このとき、マルコの石棺は移されたまま、なくなったという説もあり、また、一九世紀はじめにもマルコの墓があったという記録もある。しかし、その後の実地調査にもかかわらず、マルコの墓を発見することができないままになっている。

マルコの第二の人生は一二九五年から一三二三年までの約二八年間であったが、その生活について伝えられている史実は極めて乏しい。しかも、かれの第二の人生は決して華やかなものではなかった。かれがジェノヴァの囚人となって、同じ牢獄内のピサのルスティケッロに東方見聞談を口述して、それが『世界の叙述』という稀有《けう》の書物として後世に贈られたことがすべてであった。マルコの第二の人生はかれの東方見聞談の口述とその読書界への普及という点において意義がある。また、マルコの役割・使命・人間性・思想などは結局は『世界の叙述』の文脈の表面・裏面・側面のいたる所をたどり、そして発掘することによってのみ解明されることになろう。そして、また、イタリアでの新史料の発見にも期待をしたい。

《百万の物語》

❖精密な『世界の叙述』

《イル＝ミリオーネ》すなわち《百万》とも称せられたマルコ＝ポーロが一二九八年に、ジェノヴァの牢獄のなかで、同じく囚われの身にあったピサ市の人ルスティケッロに東方見聞談を口述して筆録させ、この記録を祖本として、のちに『世界の叙述』と称せられる書物を著して普及させるにいたった経緯についてはすでに述べた。フランス語がかったイタリア語で書かれた祖本はもちろん伝わっていないが、ラテン・フランス・トスカナ・ヴェネツィア・カタラン・アンゴラなどの諸国語で書かれた総計一四〇余の写本が現存している。現代の読者、とくに歴史研究者がこの著述を読むと、その内容の広さと奥行、多種多様の話題の豊富さに驚かされるとともに、同時代のアジアの他の文献・史料と比較してみても、極めて精密で、しかも誤《ご》謬《びゅう》が少ないことに感嘆させられる。しかも、マルコの著述は新しい注目すべき事実をたくさん教えてくれる。筆録兼編者のルスティケッロは「序章」において「諸国の皇帝陛下・国王殿下・公侯伯爵閣下、騎士及び市民各位をはじめ、人類の諸種族や世界各地域の事情を知りたいと望む人士はどなたでも、この書物を読まれるがよい」と、開口一番述べている。また、「本書はマルコが親しく見聞したところをかれの口述のままに記述したものであり、かれ自ら目撃しなかった若干の事項も、それは信頼できる人から直接に聞いたものである。ゆえに本書の内容には作り事は全くなく、すべて真実で正確なものばかりであり、本書を読む方々は本書の内容を信用して頂きたい」と力説している。マルコの体験じたいが当時としては破天荒のもので、その見聞が当時の西洋人にとって常識をはるかに越えた信じられないくらいの驚異にみちた新知識であっただけに、マルコとルスティケッロはやはりこのような弁明をしておく必要があったのである。また、「マルコ氏が口述して筆録させたところはその見聞のごく一部分、つまり、かれの記憶に残っていたものだけに限られていた」というのも事実であろう。

ところで、『世界の叙述』をその英仏訳本なり、邦訳書なりで通読してみると、本書が果たしてマルコ一人の記憶に基づいて、ジェノヴァの牢獄内で口述、筆録されたものかどうか検討を要する。マルコの尨大《ぼうだい》な記事は政治や経済の機微にも立ち入り、文明や文化の実相をとらえ、地形や地誌の実態を写生し、動植物の姿態を観察し、諸民族文化の歴史へも眼を配り、しかもその間にかなり確実な数字や紀年をも明記している。これらのことからみて、単にマルコひとりの記憶の再生とは到底考え難い。確証はないが、マルコは獄中で父のニコロから何らかのメモを取り寄せて、これを参照したにちがいない。恐らく、マルコは一二七一年に始まる東方旅行、元朝滞在、帰途の南海航海の期間を通じて見聞をノートに書きとめておいたと思われる。単にマルコのみならず、父のニコロ、叔父のマッフェオも記録をとっていたのではなかろうか。ポーロ家三人はローマ教皇の使節として派遣されたのであり、元朝の内状調査をその目的の一つとしていた。さらにかれがクビライの命令で元朝に長期滞在を余儀なくされることになった時点から、マルコらは改めてクビライの帝国の調査を志したと見られるから、かれらが記録をとっていたことは当然推定されるのである。ひょっとしたら、『世界の叙述』はマルコの単独作というよりも、ポーロ家三人の集めた材料から成り立っていると言えるかもしれない。

❖物語作家ルスティケッロ

マルコがジェノヴァの牢獄に収容された年代は必ずしも明確ではないが、一二九八年という説に従うと、約二年間で口述の筆録が完了したことになり、これはとくに不自然ではない。しかし、マルコは帰郷早々、東方見聞録ともいうべき著書を発表しようという意図を持たなかったのであろうか。ジェノヴァの牢獄で偶然にも物語作者ルスティケッロに出会ったことが口述の唯一のきっかけであったのであろうか、私には疑問が残る。東方見聞録を著書として発表し、これを普及させることによって永遠の名声を克《か》ち得たいという気持がマルコに初めからあったことは疑いない。

『世界の叙述』を読んだり、歴史研究に利用するにさいして注意すべきことは、それがマルコの口述であるにせよ、物語作者ルスティケッロによって順序よく配列され、編集されていることである。かれは章の終わりには当時慣用のきまり文句を入れたり、また、「直接話法」を使ったりして物語風に興味が持てるように執筆している。物語のなかではマルコはマルコ氏として第三人称で呼ばれており、マルコが直接自分の見解を述べるようには編集されていない。全体から言えば『世界の叙述』はいわゆる旅行記ではなく、風俗・文化・歴史をもふくめた地理書・地誌的性格が強いが、「見聞録」という語がよくあてはまる。

マルコが在世中にヴェネツィア市民に語った東方見聞談も、ルスティケッロの筆録した『世界の叙述』の中味も同時代にはほとんど信用されず、お伽噺《とぎばなし》とかウソとかホラとか、せいぜい珍しい驚くべき奇蹟のような話としてしか受けとられなかった。このことはモンゴル帝国の大ハン、クビライの忠臣としての誇りを持つマルコにとっては堪えられない屈辱であったであろうが、マルコの真価の発見はなお後世の知己《ちき》を待たねばならなかった。

『世界の叙述』は「序章」「西アジアから中央アジアへの旅程」「中国の西北辺疆《へんきょう》」「クビライの宮廷」「雲南への使節行」「大運河地帯から福建への旅程」「南海経由の帰国航路」「大トゥル

キー国（中西アジアのモンゴル王国）」の諸章に大別される。「序章」はポーロ家の東方旅行の由来と『叙述』成立の機縁についてまとめたもので、ここにマルコ＝ポーロの歴史のすべてが語られており、モンゴル帝国における東西交渉史の秘密を解く鍵がここにある。中国・元朝に関する部分は全体の三分の一は優に占めている。中・西アジア事情については第二番目の章と最後の章を参照すればよいし、熱帯アジアの風土と文化については「南海経由の帰国航路」のなかに語られている。この部分については前述の修道士オドリク、旅行家イブン＝バットゥータのそれぞれの旅行記をも参照して比較するとよい。

❖大旅行家マルコ

マルコ＝ポーロとその『世界の叙述』に対してはすでにいろいろの評価が下されているが、かれが中世の旅行家たちのなかで最も卓越した地位を占めているという点ではほとんど異論はない。行動範囲の巾広いこと、異境における長年月の様々な体験、波瀾《はらん》に富んだ一生という点ではマルコの右に出る旅行家はいない。東方旅行という点ではマルコの先輩に当たる修道士ルブルクが北アジア草原地帯とモンゴル帝国の首都カラコルムの現場を体験したという点ではマルコをはるかに凌駕《りょうが》しているが、時空にわたる旅行のスケールの大きさではマルコには及ばない。マルコはアジアの大陸と海洋を東西に旅した最初の旅行家であった。多くの王国を訪れ、ペルシアの砂漠、バダクシャンの高地と渓谷、ホータンの玉河、モンゴル族発祥の地方モンゴリア草原の一角、首都ハンバリクを見聞した。また、中国、ティベット、ビルマ、シャム、インドシナ、日本の姿を初めて明るみに出し、ジャワ・スマトラ・ニコバル・アンダマン・セイロン・インドなど熱帯アジアの自然と文明についても記録している。そしてアビシニアのキリスト教徒に言及し、ソコトラ、マダガスカルの秘密をあばき、さらにはシベリアの森林地帯、ロシアについても記録した。アジアの驚異と神秘、自然と文明——中世西洋人にとって未知の世界が紹介され、かれらにとっては簡単に信用することのできない情報が提供されたことになる。マルコの同時代人がかれを「嘘《うそ》つき」「ホラ吹き」と罵倒《ばとう》し、嘲笑し、かれの見聞録を簡単には信用しなかったのも無理ないことであった。

マルコの性格や人間性についても色々の説明があるが、それは概して『世界の叙述』の文脈のなかから拾い上げられたものである。聡明で機敏な性質、忍耐力、典型的ヴェネツィア商人としての貪欲さ、勇気、中世人としては偏見の無さ、異国の風俗習慣と宗教に対する客観的観察力、アジアの女性に対する公正な評価、総じて事物に対するインパーソナル（非個人的）な態度——これらがマルコに与えられた研究者たちの評価と言ってよい。これらの見解には特別の誤りはないが、しかし、このようないくつかの断片的な印象批評だけではマルコの人間像とその歴史的意義は解明されそうもない。それに、マルコが生まれつき商人であり、アジアに憧れた大旅行家であったという通説も何となく理解され難い。マルコはあてもなく東方へ旅行したわけではなく、また、マルコが中国で商人として活躍したという証跡も乏しいのである。かれが各地の産物、とくに宝石・真珠・香料・絹織物や物価・通貨などに高い関心を示したからと言って、かれが商人の資格でアジアに滞在したとは言い切れないと思う。現にかれは帰国後も大々的な商業活動を営んではいないのである。マルコのなかに職業的意味での商人の姿を見出すことは困難である。『世界の叙述』のなかには商業の記事は比較的少なく、マルコの商人としての性格は稀薄である。マルコは商品・物産を通じてそれぞれの地方の豊かさ、繁栄と活動、文明の驚異を説こうとしているのである。このように、マルコの本質が旅行家・探検家・大商人でないとすれば、かれは果たしてなんであったのか。

❖クビライ宮廷の囚人として

一二六九年にニコロとマッフェオが帰国したとき、マルコは一五歳であったが、そのときまでにマルコがどのような教育を受け、どのような性格を備えていたかは全く分からない。かれが商人としての訓練を受けていたかどうかも不明である。ニコロとマッフェオはクビライがローマ教皇に派遣した使節であったし、一二七一年に再び東方へ出発したときはローマ教皇のクビライに対する使節の資格をも帯びていた。マルコが父と叔父に伴われて東方へ旅したのは必ずしも未知の世界への憧憬、好奇心、商業のためでなく、親子間の愛情によるものであったと思われる。マルコの資格は教皇使節ニコロの子で随行者であったにすぎなかった。したがってポーロ家の三人が一二七四年夏に元朝に着き、上都でクビライに謁見したときは、ニコロとマッフェオとはローマ教皇の使節として歓待され、恩寵を受けた。その後、マルコはクビライに紹介され、クビライの臣僕となることを許されたのである。ニコロとマッフェオは元朝へ復命した時点から「氏」の称号がつけられ、マルコもマルコ氏となっている。元朝へ来たポーロ家の三人はクビライの臣下となったことは明らかだが、とくにマルコはクビライに寵用された形跡が濃厚である。

ポーロ兄弟がクビライから受けた使命を完全に遂行できなかったことは明らかだが、かれらがはじめから元朝に一七年間も滞在するつもりであったかどうか疑問である。恐らくクビライは西洋人であるポーロ家三人を長期間、宮廷に引きとめ、何らかの使命を帯びた官吏として用いようとしたはずである。モンゴル政権にとっては隠然たる敵ともいうべき中国人を統治するために、また、イスラム教徒やラマ教徒の勢力を抑制・監視するために、西洋人を登用して機密事項を取り扱わせることは有効だったにちがいない。マルコがしばしばクビライの使者として国内を旅行し、インド方面へも往復したことはそのことを示すものである。また、ビシバリク地方の鉱山経営など、国家財政（塩の専売）に関係ある事項にマルコが携わったり、それに関した情報に詳しいのもこのことに関係があると言える。ポーロ家の三人はいや応なしにクビライの臣下となることを命ぜられ、拒否できなかったのである。他方、ポーロ家の三人もクビライをキリスト教に改宗させる任務やキリスト教を元朝に普及させるための情報調査をローマ教皇から命ぜられていたはずだから、しばらくは元朝に滞在してこの任務の実現を計ろうとしたのかもしれない。いずれにしてもポーロ兄弟とマルコとはそう簡単に元朝を離れることはできなかったのである。

ニコロ・マッフェオ・マルコの三人は帰国の機会を狙っていたが、クビライは容易にこれを許可しなかった。一二九〇年になって、かれら三人はついに好機を見つけてクビライの許可を得て海路、帰国の航海についた経緯はすでに述べた。かれら三人は自由に帰国することがほとんど不可能な状態にあったのであり、かれらはいわば自由を拘束された身分、極言すればクビライ宮廷囚人のような境遇におかれていたとも言えるのである。このようなことは『世界の叙述』のなかには何も書かれていないが、そのように推測すべき可能性は十分にある。したがってポーロ家の三人がその地位・身分のため、元朝で公然と商業に携わることはできなかったであろう。また、かれらは帰国にさいし、禁止品目の金銀なども大量に持ち出すこともできなかったであろうし、航海中の寄港地でも簡単には財宝を集めることは困難であったと思われ、かれらがヴェネツィアへ大量の財宝を持ち帰ったという形跡もない。

マルコが死後、残した所持品目録によると、マルコは沢山の衣服・宝石・外套《がいとう》・とばり・金糸織、その他の貴重品、たとえば「黄金のパイザ」などを所持していたことがわかる。その他に、数珠《じゅず》、モンゴル貴族の持つ銀帯、婦人帽（ボクタという）など若干の骨董品を持っていたが、とくに婦人帽は宝石と真珠をちりばめたもので、これはタブリーズ市でマルコと訣別を惜しんで涙を流したあのコカチン姫の形見であったにちがいない。すでに述べたように、マルコが故郷へ持ち帰った物品のなかには西寧産の野牛の毛、麝香鹿の頭と脚、麝香のかたまり、ランブリ地方産の蘇枋の種子、聖トーマス寺院のあるマーバール地方の赤色の土（薬として）があったことも、マルコを考える上で興味ある事実で、異国での生活の証拠としたかったのであろう。あるいはこれらの品物がマルコの東洋でのスーヴェニールだったかもしれない。

❖教皇使節として

すでに述べたように、ニコロとマッフェオはがんらい、クビライの使節であり、ついでアイヤース市出発早々、二人のドミニコ会士が逃亡ののち、ニコロとマッフェオは教皇使節となったのである。また、マルコも教皇使節団の一員に加えられたと見なされる。したがってポーロ家三人は最初から、尊厳にして光栄ある教皇使節として伝道者的役割を身に帯び、そのような資格で、一貫して行動したといえる。商利を求める気持ちはほとんどなかったであろう。

ポーロ家三人は東方使節行へ出発した直後から西アジア・中央アジアのキリスト教事情に異常なまでの執念を燃やして情報を集めている。『世界の叙述』はマルコひとりの口述であるが、情報源はニコロ、マッフェオにもあり、かれら三人は出発後、つねに記録、メモを取っていたにちがいない。かれらは大アルメニアにはいった瞬間より、経由地のキリスト教徒の教派・人口・聖職者については必ず見聞を記録し、しかも商業・物産などの記事よりも先にキリスト教事情をとりあげていることが分かる。当時、一七歳となっていたマルコがキリスト教事情に深い関心があったという実証はないが、マルコは父と叔父との帯びた使命をしだいに自覚していったにちがいない。ニコロとマッフェオとは教皇使節であるという使命感は十二分に持っていたはずである。かれら三人はメソポタミア・イラン・パミール地方・ターリム盆地でも、経由した地方のキリスト教徒について調査している。もちろん、これらのキリスト教はカトリック教ではなくネストリウス教であったが、これは将来、ローマ-カトリック教会の東方伝道のさいの基盤となるべきものであった。かれらはまた、バグダードとサマルカンドにおけるキリスト教徒の殉教・奇蹟説話を記録し、ホラーサーン地方では《アルブル-ソル》すなわちキリスト教徒が「乾燥した樹」と呼ぶ奇蹟の樹木をまのあたりに見た。パミール山系の東、ターリム盆地や天山地方、タングート地方でもネストリウス教徒の姿が記録され、陰山山脈ではオングート族の王はプレスター゠ジョンとしてマルコの注目をひいている。アジア奥地に住むといわれるキリスト教司祭王プレスター＝ジョンもマルコらの探索の一つの対象であった。もっともマルコはケレイト国王ワン＝ハンをもプレスター＝ジョンと見なしているので、マルコの記事には若干の混乱はある。

元朝に滞在中もマルコは旅行した各地でキリスト教徒の所在を丹念に探し出している。もちろん、キリスト教徒の数は少ないが、福州ではマッフェオとマルコがこの地のキリスト教徒らしいものを訪問調査している。しかし、かれらは実際にはマニ教徒であったらしい。前後の関係から見て、マルコは元朝のキリスト教徒の調査に携わっていたことは明らかである。マルコらは帰国の途中、インドのマーバール海岸に寄港したのは東方伝道説話の主人公、聖トーマスの墓地を訪れ、この地のキリスト教徒と接触するためであった。セイロン島では、マルコはサガムニをイエズス＝キリストに匹敵する聖者と見なし、さらに、アフリカ東海岸、アビシニア、アデンのキリスト教徒についても伝聞を記録している。このように、マルコはその訪問もしくは滞在した各地で、つねにキリスト教徒について調査し、情報を集めていることがわかる。もちろん、かれはイスラム・仏教についても公平に万遍なく見聞を伝えているが、かれの意図するところはローマ教皇のために東方キリスト教徒の情況を調査することにあったと言わざるを得ない。ポーロ家の三人はカトリック教徒ではあったが、俗人にすぎなかった。ところが、本来の教皇使節たる二人のドミニコ会士が使命を抛棄《ほうき》して逃亡した時点から、ポーロ兄弟は教皇使節の役割を自ら引き受け、マルコもその役割を分担することになったと言える。大げさに言えば、ポーロ家の三人は修道士カルピニ、修道士ルブルクのかつての役割と同じ役割を演ずることになったのである。マルコは特別の分野の専門家ではなかったが、このような境遇の変化に適応できる生来の器用な性格、多方面の才能、あらゆる事物に対する素直な感受性と好奇心を持った人物であったと言えよう。また、冗談のような話がほとんどない真面目さがあった。

❖敬虔なキリスト教徒

すでに述べたように、ポーロ兄弟がはじめてクビライ-ハンに謁見したとき、かれらはクビライにキリスト教徒になるよう勧めたと見られる節がある。そして、ポーロ家三人が「一〇〇人のキリスト教徒の賢者」をクビライのもとへ同行させられなかったことを悔やんで、もし、これが実現しておれば、クビライは必ずキリスト教徒になっていたであろうと述べて、自分の使命の挫折感を吐露している。ポーロ家の三人がクビライに使命について報告したのち、元朝に滞在せざるを得なくなってからも、かれらは何らかの方法でクビライにキリスト教改宗とか元朝における伝道について言上していたにちがいない。クビライは中国統治のため、西洋人を利用しようと考えており、一方ポーロ家の三人はクビライの政策を利用してカトリック伝道を推進しようと計った。クビライは結局はキリスト教に改宗する気持ちはなかった。マルコはクビライがキリスト教に改宗するかもしれないという幻想を抱いていたのである。クビライはイエズス＝キリスト、マホメット、モーゼ、サガムニ＝ブルカンを最も偉大な四人の預言者として讃え、そのなかの一人を特に尊崇すると、思わせぶりな話をした。これを聞いたマルコはそれがキリストであると思い込んだのである。クビライは老獪《ろうかい》にも諸宗教に対する自分の腹の中をあかさず、マルコはこれに操られていたと言える。

そのような複雑な気持ちを抱きながら、マルコは元朝やインド方面でキリスト教徒に関する情報を集めた。『世界の叙述』の冒頭から終末までの文脈のかなめには、カトリック伝道のための東方キリスト教徒事情調査、伝道の障害物と考えられるイスラム・仏教に関する情報が組織的に組み込まれていることを察知できるはずである。『世界の叙述』はローマ教皇庁へ提出さるべき東方事情の調査報告書ともいうべき性格をも持っているが、それがローマ教皇に提出されなかったところにマルコの謎がある。なお、マルコは客観的な観察者であり、諸文明・宗教に対しても公平な態度を持していると評価されている。全体的にはそのとおりであるが、しかし、マルコはとくにイスラムに対してはつねに若干の敵意・軽蔑感を抱いて記録していることはすでに指摘したとおりである。マルコはつねにキリスト教伝道の担い手としての言動を残していることは『世界の叙述』の各所から容易に読みとれる。

以上のような状況証拠のほかに、ポーロ兄弟とマルコががんらい敬慶なキリスト教徒であったらしい形跡がある。たとえば、『世界の叙述』の標準フランス語訳本（一四世紀のテキスト）の序によると「最も優れたるヴェネツィアの市民にしてキリストを信ずる者マルコ＝ポーロ氏の書から、私すなわちグレゴワールが写しとった世界の叙述と呼ばれるこの書の見出し、ここに始まる」と書かれており、別のフランス語訳本のテキストには「マルコ＝ポーロ氏は最も名誉あり、ふるまい正しい」人と称している。さらに、一四世紀中にフランシスコ＝ピピノによってラテン語に訳出されたテキスト、通称ピピノ本の序には次のように記されている。ピピノはマルコ＝ポーロを「慎み深く、名誉あり、かつ最も真摯《しんし》なるヴェネツィアのマルクス＝パウルス氏」と呼び（岩村忍氏の訳文による）、また、「さきに言ったマルクス氏すなわちこれらの驚異の叙述者は慎重で信仰深く、かつ、真の道徳を有する人であり、そしてかれのすべての親しい友達からよい証言を得ており、それゆえにかれの多くの徳によってかれの話は信頼に値するものであるということをこの書を読むすべての者は知っておかなければならない」といっている。また、かれの父ニコロを「非常に思慮深い人である」といい、「この書に記されている真に世の経験あり、敬虔で、そして賢い人であるかれの叔父（マッフェオ）は死に臨んでその懺悔《ざんげ》聴聞僧に対し、親しくこの書は間違いなく真実を語っているものであると躊躇《ちゅうちょ》することなく主張したのであった」。

ピピノは説教者修道会すなわちドミニコ会の僧であり、一方、マルコ＝ポーロとその一族はドミニコ会の教会に属していたので、この会の僧侶と深い接触があった。ピピノ自身、マルコ・ニコロ・マッフェオを親しく知っていたと見られる。このようにして見ると、ポーロ家の三人はドミニコ修道会に関係が深く、敬虔なキリスト教信者で、かつ、慎み深く、思慮にあふれた、賢い人たちであったらしい。ポーロ兄弟がはじめて東方へ出発したのも、もともとドミニコ修道会の伝道事業と関係があったのではないか。また、ポーロ家の三人が元朝へ出発したさいに、教皇グレゴリウス一〇世が正使として二人のドミニコ会士を選んだのも偶然ではなかったように思われる。いずれにせよ、ポーロ家の三人はドミニコ会と密接な関係にあって、ローマ教皇のために、はるか東方で伝道的役割を演じたと推測されるのである。

❖謎の多いマルコ

マルコ゠ポーロの伝記を書くとか、その人物像を描くと言っても、現在、われわれの持っている伝記史料に限度がある以上、所詮《しょせん》、『世界の叙述』の文脈の奥底に潜むものを発掘するよりほかは有効なてだてはない。しかし、マルコについて知りたいことでも『世界の叙述』のなかには何も書かれていないことが多い。マルコは自分自身のことをあまり語らず、書かず、つまり、一貫してアジア文明の注意深い客観的な観察者であったという評価はだいたい定説となっている。しかし、マルコは書くべくして書かなかったこと、故意に隠そうとしたことも多々あったと思われる。そのような点をいくつか掘り出してみよう。

　マルコはふだん、元朝の大都＝ハンバリク城内のどこに住んでいたのであろうか。宮廷内であったのであろうか。ニコロ、マッフェオといっしょに住んでいたのか。かれら三人は国内旅行でもいっしょに行動していた形跡があり、帰国にさいしても三人一組となっている。マルコは一二八八年ごろ、インドへ使節として赴いたが、そのさいに単独でそのままヴェネツィアへ帰れたかもしれないが、しかし、元朝へ帰国している。ポーロ家三人は元朝で共同の生活と行動をしていたように思われる。それにもかかわらず、『世界の叙述』のなかでは口述者マルコの名は頻繁《ひんぱん》に出てくるが、元朝到着後のニコロとマッフェオについてはほとんど出ていない。マルコはクビライの寵臣であったが、ニコロとマッフェオは特筆されてはいない。また、マルコは中国で妻子を持ったであろうか。マルコの地位、名声などから見て、マルコは元朝で妻を娶ったであろうという推測はできよう。マルコはコカチン姫をイル＝ハン国へ送り届けるために泉州を出帆したのはクビライの使命によるもので、使命を果たした上は、元朝へ帰るよう命ぜられていたはずである。したがって、かれは自分の妻子を人質としてハンバリク城へ留めておいて出帆したと想像されよう。しかし、マルコは二度と元朝へ帰らず、したがって元朝での妻とは再び会わない覚悟で帰国したことになろう。これこそマルコの告白し得ない苦悩と秘密であったのである。かれはクビライへの復命を拋棄したが、これも忠臣マルコにとっては苦悩となったであろう。

ヴェネツィア帰還後のマルコにも数々の秘密がつきまとっている。マルコにせよポーロ兄弟にせよ、かれらは真っ先にローマ教皇庁へ赴いて、クビライから託された教皇あての国書を捧呈して、使命を果たすべきであった。ところがそのような文書は教皇庁文書庫から、まだ発見されていないのである。カルピニ・ルブルク両修道士が大ハンから託されたモンゴルの国書などは保管されているのに、マルコに託されたクビライの国書は存在しないといわれる。恐らく手渡されなかったのであろう。ポーロ家の三人はインド洋航海中、これを紛失したか、盗難にあったかもしれない。また、ヴェネツィア帰還直前に立ち寄ったトラペズント港で、かれらはこの地を支配していたジェノヴァ人に迫害されて所持品の多くを失ったという可能性があるからである。マルコはこのことを隠しているのかもしれぬ。また、ローマ教皇がマルコ一行を全く信用せず、とりあわなかったということも考えられる。つまり、ローマ教皇ボニファキウス八世（在位一二九四～一三〇三）はかつての教皇グレゴリウス一〇世の派遣した使節ポーロ兄弟のことは何も聞いていなかったとしか考えられない。いずれにせよ、ポーロ家の三人はクビライの使命を果たさなかったことだけは明確である。マルコはこのことについては何も書こうとしていない。マルコは使命の失敗を苦にして、書かなかったのである。

❖過去の栄光のなかに

帰郷後のマルコ及びニコロ兄弟の生活は必ずしも明るい恵まれたものではなかった。とくにマルコの見聞談は「ホラ吹き」などと罵《ののし》られ、同時代人から信用されず、あまつさえ、マルコはジェノヴァの囚人となるなど、マルコの過去の栄光は消え失せそうになった。マルコがジェノヴァの牢獄で東方見聞談を同室の物語作者ルスティケッロに口述させたとしても、そのような計画はジェノヴァからの帰還と同時に企てられていたかもしれない。そのためにこそ、ポーロ家の三人は東方滞在中のメモを取っていたのである。クビライから託された使命を果たすこともできず、東方における異常な体験談をヴェネツィア市民からも信用してもらえず、第二の人生の設計図を持ち得なかったマルコは東方見聞談を口述筆録させることによってのみ、華やかなかれの過去の栄光を伝えようとした。すなわち、ローマ教皇の使節としての栄誉、大帝国の皇帝クビライの廷臣としての名誉、未知のアジア文明の克明な観察者としての名声を不滅に伝えようとして、いわゆる『世界の叙述』の著者となって自己を主張したのである。『世界の叙述』の主要なモティーフは世界最強の皇帝クビライの讃美、東方キリスト教徒情報の収集、中世ヨーロッパ人のだれもが知らなかった東方世界の驚異の紹介であった。これらを通じてマルコは自分の挫折感、使命不実行の責任をいやし、同時に過去の栄光のなかに永遠に生きよう

マルコ=ポーロ　モザイク画、ジェノヴァ市に保存

としたのである。『世界の叙述』の写本が非常に多かったのも、かれが自ら数多くの写本を作って頒布《はんぷ》したためだと推測されないことはない。すなわち、かれは自分の名声・人気・栄誉を不滅に伝えるために、自分の著述の普及につとめたと考えられるのである。マルコはフリーランサー的な著述家となったのである。

マルコの肖像については信頼するにたる確実なものは残っていない。かれの肖像画といわれているものや、大理石像が残っているが、いずれも一七世紀の作らしい。また、ジェノヴァの市庁にはかれのモザイク像が残っている。恐らく想像画であろうが、われわれとしてはこの二枚の肖像画を眺めることで満足しなければなるまい。

マルコ＝ポーロ再発見

❖東西交通路の断絶

マルコがヴェネツィア市民として生活を送っていた間にも、また、一三二四年のかれの死後約二〇年間にも、ローマ教皇と元朝との外交関係が続いていたことは本書の第V章において述べた。マルコが果たせなかったカトリックの東方伝道事業はポーロ家の三人が開拓したアジアの海陸の東西幹線ルートによって進行していた。また、イスラム教徒ではあるが、アフリカのモロッコ生まれのムーア人、イブン＝バットゥータは文字通りの旅行家・周遊家として、一三二五年からアフリカ・アジア・インド各地を周遊し、一三四六年に元朝の泉州港に到着し、杭州・広州を訪問し、ついで、スマトラ経由でペルシアに上陸し、西アジアを経由して、一三四九年に帰国した。イブン＝バットゥータは海路で元朝へ到着し、再び、海路で西方へ帰ることのできた中世最後の大旅行家であった。

しかし、モンゴル政権が造り出した「タタールの平和」はモンゴル帝国を構成する諸ハン国の政治的解体過程のなかで混乱状態に陥り、これに伴って東西間の交通は打撃をこうむった。さらに一四世紀後半にはオスマン国家が小アジアを完全に領有したことから、東地中海沿岸地帯における東西交通体系は完全に破壊された。そのため東地中海・黒海を制覇していたジェノヴァ都市共和国も一五世紀の後半にはそのすべての根拠地を失い、フランシスコ・ドミニコ両修道会士によって開拓された東方伝道も中止され、かくて西欧はアジア大陸への直接のつながりを失うことになった。これがいわゆる東西の断絶である。マルコの描いたアジア文明の諸地域は西欧からはるか遠いかなたに去ったのである。《カタイ》——元朝治下での中国——もヨーロッパ人にとって幻の国となってしまった。オスマン帝国とティムール帝国、マムルーク朝、さらに中央アジアにはウズベク族とサファヴィー朝などのイスラム諸国が割拠して、西欧がシルク＝ロード、インド、カタイへ交通するルートを完全に遮断《しゃだん》してしまったのである。

このような東西断絶という状況のもとで、西欧には一つのかけがえのない遺産が残った。それがマルコ＝ポーロの『世界の叙述』である。この書物はマルコの生存中はせいぜい空想の怪奇物語程度にしか取り扱われなかったが、しだいに同時代人に知的・科学的関心、冒険心、想像力を与えはじめた。航海術の進歩につれて発達してきた西欧の地図学もマルコの記述をとりいれるようになった。例えば一四世紀のなかごろ、スペインのカタロニア人によって作製されたいわゆる「カタラン地図」（一三七五年作製）は、人物・城郭の絵や解説文字のはいったかなり詳しいもので、とくにカスピ海以西のアジアの部分にはマルコ＝ポーロのもたらした知識もとりいれられているのである。ハンバリク（北京）・ザイトン（泉州）・キンサイ（杭州）・キンコラム（広州）などの地名やインド洋などの記載はマルコの記事に拠《よ》ったものである。このようにして一四世紀末から、一五世紀にかけてマルコ＝ポーロの地理学・地誌学の正しさがしだいに認識され、マルコも漸く後世に知己《ちき》を求めることができたのである。

❖大航海時代の開幕

アメリカ発見者として有名なスペインのクリストファ＝コロンブス（一四五一～一五〇六）がマルコ＝ポーロの「黄金の島ジパング」に憧れて大航海に挑んだという伝説があるが、現実に、コロンブスは『世界の叙述』を読んでいたのである。また、同時代人のイタリアの地理学者兼天文学者のトスカネッリ（一三九七～一四八二）はコロンブスに、自分の作製した世界地図を送り、また、大西洋を西方へ航海すればインドへ到達できるという考えを書いて送ったのは有名な事実であるが、トスカネッリはマルコ＝ポーロの地理学をとりいれたものに違いない。ところで、コロンブスの探検航海の目標がはじめから新大陸の発見にあったのか、あるいはインドを目標にしていてその途中にアメリカを偶然発見したのかについては、ヨーロッパの学者の間にもいろいろの説がある。かれは一四七九年に結婚してリスボンに住みついてから、地理学・航海術・哲学など、数多くの著書を研究したといわれる。コロンブスがそれらの著書の欄外に書き込みをしたものとして『世界の驚異』、プリニウスの『博物誌』、プルタークの『英雄伝』、プトレマイオスの『地理書』とともにマルコ゠ポーロの『世界の叙述』もふくまれていたのである。

コロンブスの繙《ひもと》いた『世界の叙述』はイタリアのドミニコ会士ピピノのラテン語訳初刊本（一三二〇年ころ成立）であって、この欄外にコロンブスが自分の関心のあることやメモを書き込んでいるのである。コロンブスの書き込みの内容から、かれはジパングを求めて探検航海に乗り出したのだと一般に考えられている。『世界の叙述』に注がれたコロンブスの関心事について、原典にあたって調査した杉本直治郎博士（一八九〇〜一九七三）によると、「それは地域的にはインドやジパングをふくむアジアの東南海域地方に対してであり、それらの地域については、他の何よりも多く、物産を註記している。ついで航海、とくに船のこと、宗教（とくにキリスト教）及び異教的習俗に関係することが多い」という。コロンブスが『世界の叙述』を読んだことがかれの探検航海の動機となったとか、ジパングとインドへの関心をかき立てたとかいう考え方は必ずしも明確に証明できないようである。しかしコロンブスがマルコ゠ポーロを読んだということは事実であり、これによって東洋、インドへの関心を持つにいたったことは否定できないように思われる。このようにマルコ＝ポーロが大航海時代開幕に大きく寄与したことは意義が深い。

❖中央アジア史の宝庫

マルコ＝ポーロの《百万の物語》はかれの死後しばらくして、当時のヨーロッパ人にとって極めて貴重な「世界地誌」として、航海者・東方貿易商人・地図学者からその真価が認識されはじめ、やがてマルコは『世界の叙述』の栄えある著者として復権した。この本は中世アジアの文明記・地理書・博物誌のなかの最高のものとして、その評価をいっそう高められ、知識の宝庫として学者や研究者や旅行家たちのむさぼり読むところとなった。この書がモンゴル帝国史、とくに元朝史に関する重要な史料の一つとなったことはいうまでもない。もちろん、マルコ＝ポーロだけで中世アジア文明と地理がすべて分かるわけではない。大航海時代に始まって、いわゆる西力東漸《とうぜん》と呼ばれる西洋諸国のアジア進出、さらには帝政ロシアのシベリア開拓にいたる一七、八世紀に、アジア諸地域の過去の文明の姿は徐々に明るみに出された。しかし、内陸アジアとさらにその内奥部は一九世紀にいたるまで世界の旅行者・科学者をよせつけず、神秘のヴェールに蔽われていた。モンゴル帝国の解体後も、中国人や西アジア人による中央アジア旅行がいくつか見られるが、それらも僅かな量の紀行を残したのみで、情報量は乏しいものであった。しかし、一九世紀になって、西洋人は漸《ようや》く、このアジア大陸内奥部の秘境に探検の歩を進め、とくに一九世紀末から二〇世紀初頭にかけてロシア人や英仏人、なかでも英国のオーレル゠スタイン、スウェーデンのスウェン゠ヘディンらはパミールやタ一リム盆地の未知の世界に足を踏み入れた。かれらの道案内書となったのは他ならぬマルコ゠ポーロの書であったという。六〇〇年前に書かれた『世界の叙述』は二〇世紀初頭の中央アジア探検のガイドブックとなったのであり、中央アジア史の灯台ともなった。ここにマルコ゠ポーロの不滅の価値が燦然《さんぜん》として輝いてくるのである。地理・自然環境・動植物・民族・宗教・古文明・言語・物産どれ一つとっても、それらは一九〜二〇世紀の中央アジア探検家にとって不滅の知識の宝庫として貢献したのである。

付記

本書で『世界の叙述』を引用するさいには、だいたい原典からの要約、大意の抜き書きの方式によっている。原典は岩村忍・青木富太郎・青木一夫・愛宕松男各氏の邦訳を参照し、必要に応じてH゠ユールの英訳注、A゠リッチの英訳本を参照した。日本語訳注のなかでは全訳・訳注・解説などを具備した愛宕松男氏の訳注書が有益である。記して謝意を表したい。

マルコ=ポーロ年譜

西暦	年齢	マルコ=ポーロおよびその関係史	周辺の情勢
一二五四	0	ヴェネツィアの商人ニコロ・マッフェオのポーロ兄弟が東方貿易に出発。 ニコロの子、マルコがヴェネツィア市で生まれる。	ルブルクのウィリアム修道士がカラコルムの宮廷でモンケ-ハンに謁見。
五八	4		フラーグ、アッバース朝を滅ぼす。
五九	5		モンケ-ハン、四川の陣中で崩御。
六〇	6	ポーロ兄弟、コンスタンティノープルに到着。	クビライ、即位し大ハンとなる。 フラーグ、イランにイル-ハン国を建てる。
六一	7	ポーロ兄弟、ヴォルガ河畔のサライ市に到着。金帳ハン国のベルケ-ハンと会う。	マムルーク朝、シリアを征服。 ビザンティン帝国、復興。ジェノヴァ勢力、伸張。
六二	8	ポーロ兄弟、中央アジアのブハーラ市に赴き、約三年間滞在。	
六四	10	ポーロ兄弟、フラーグの使節とともにブハーラ市から元朝へ向けて旅立つ。	
六五	11	ポーロ兄弟、元朝に着き、クビライに謁見。	
六六	12	ポーロ兄弟、ローマ教皇に対するクビライの使節として元朝を出発。	
六八	14	11月、ローマ教皇クレメンス四世、死去。	カイドウ-ハン、クビライに宣戦。
六九	15	4月、ポーロ兄弟、アッコに帰る。さらにヴェネツィアに帰り、マルコとはじめて会う。マルコの母はすでに死亡しており、ニコロ再婚。	カイドゥ-ハン、中央アジアで大ハンを宣言。以後、元朝に抗戦。

一二七〇	16	年末ごろ、ポーロ兄弟とマルコ、ヴェネツィアを発ち、元朝への帰任の途に。	第七回十字軍。
七一	17	9月1日、テオバルド=ヴィスコンティ、ローマ教皇に選出され、グレゴリウス一〇世と称す。 9～10月、ポーロ家の三人、アイヤース市に着き、ついでアッコに引き返して、新教皇と会う。 年末ごろ、ポーロ家の三人、アイヤース市を出発。ホルムズを経て、シルク-ロードを東行。	クビライ、ハンバリク（大都）を首都に定める。
七二	18	ポーロ家の三人、マルコ病気のため、約一年間バダクシャンに滞在。	
七三	19	甘州に約一年間滞在。	
七四	20	夏、ポーロ家の三人、アイヤース市出発以来三年目にして上都に着き、クビライに謁見。クビライの臣下となり、以後一七年間、元朝に滞在。	元朝軍、日本に遠征するも失敗に終わる（文永の役）。
七八	24	聖僧バール=サウマ、元朝からイランへ赴く。	
七九	25		南宋滅ぶ。
八一	27		元朝軍、日本へ再征するもまた失敗に終わる（弘安の役）。
八五	31		イル-ハン国のアルグン、はじめてローマ教皇に使節を派遣。
八七	33		バール=サウマ、アルグンの使節として、フランス王・イギリス王・ローマ教皇を訪問。
一二八九	35	イル-ハン国の使節、王妃の候補者を求めて元朝へ。	アルグン、西欧へ第三次の使節を派遣。 モンテ=コルヴィノ、イタリアを出発。

一二九〇	36	マルコ、インド使節行より元朝へ帰着。 年末ごろ、ポーロ家の三人、クビライの使節として、コカチン姫を奉じて泉州より出帆。イル-ハン国への航海の途へ。	アルグン、西欧へ第四次の使節を派遣。
九一	37	イェルサレム王国、ついに滅び、十字軍、名実ともに終わる。	
九二	38		元朝軍、ジャワに進攻して失敗。
九三	39	2月、ポーロ家の一行、イランのホルムズに上陸。 4月、一行はタブリーズ市に着き、ついでアブハルへ赴く。	
九四	40	ポーロ家の三人、タブリーズ市に帰り、ここに九か月滞在。 ついでトラペズント市に赴き、ジェノヴァ人の掠奪を受く。 さらにコンスタンティノープルに着く。 この年、マルコの主君クビライ、崩御。	モンテ=コルヴィノ、ハンバリクに到着。
九五	41	ポーロ家の三人、ヴェネツィア帰還。マルコの総計二六年にわたる旅行終える。東方見聞談を紹介し、有名になる。	
九六	42	ヴェネツィアとジェノヴァとの戦争、激化。	
九八	44	マルコ、海戦に参加し、ジェノヴァに捕われ、牢獄につながれる（一二九六年説もある）。 マルコ、ジェノヴァの牢獄内でピサの物語作家ルスティケッロに東方見聞談を口述。『世界の叙述』の祖本、成立。	
九九	45	マルコ、釈放され、ヴェネツィアに帰る。	小アジアにオスマン国家おこる。
一三〇〇	46	マルコの父ニコロ、死去。	
〇二	48		イル-ハン国のガザン-ハン、ローマ教皇へ書簡を送る。

一三〇四	50		ダンテの『神曲』なる。
〇五	51		イル＝ハン国のオルジェイトゥ＝ハン、フランス国王に書簡を送る。
〇九	55	フランスの騎士ティボー＝セポイ、マルコよりその著書を受く。ローマ教皇のアヴィニヨン在位（～七六）。叔父マッフェオ、遺言状を作製。	
一〇	56	一三一〇～一六年の間に、叔父マッフェオ死去。	このころ、ペゴロッティの『商業実務書』著される。
一三	59		ボッカチオ、ペトラルカらの活躍。
二三	69	マルコ、病い篤く、遺言状を作製。	オドリク、元朝へ（～二八）。
二四	70	マルコ、死去、ヴェネツィアの聖ローレンツォ寺院に葬られる。妻ドナータと三人の娘があった。	
三三		未亡人ドナータ、死去。	
三六			ハンバリクのカトリック教徒、アヴィニヨンのローマ教皇庁へ使節を派遣。
四二			マリニョーリ、ハンバリクに到着（四六年秋まで滞在）。
四七			イブン＝バットゥータ、元朝へ。
六八			朱元璋、元朝を滅ぼし、明朝を建てる。
七〇		ティムール、帝国を建てる。	
七五		スペインで「カタラン地図」、製作される。	
一四〇〇		ポルトガルの海外発展始まる。	

参考文献

マルコ・ポーロの研究上巻　岩村忍著（中・下巻は未刊）筑摩書房　昭和22年
マルコ・ポーロ　青木富太郎著　平凡社　昭和23年
マルコ・ポーロ――西洋と東洋を結んだ最初の人　岩村忍著（岩波新書）岩波書店　昭和26年
マルコ・ポーロ東方見聞録　青木一夫訳　校倉書房　昭和35年
マルコ・ポーロ東方見聞録　青木富太郎訳（現代教養文庫）社会思想社　昭和44年
東方見聞録　1・2　マルコ・ポーロ　愛宕松男訳注（東洋文庫）平凡社　昭和45〜46年
モンゴル帝国史　1〜6（全六巻）ドーソン著　佐口透訳注（東洋文庫）平凡社　昭和43〜54年
モンゴル帝国と西洋（「東西文明の交流4」）佐口透編著　平凡社　昭和45年
L. Olschki, Marc Polo's Asia, Berkeley, 1960.

挿図は「蒙古襲来絵詞」、チンギス-ハン、クビライ-ハンの肖像画以外はすべて、H=ユール著『マルコ=ポーロ旅行記』二巻、ロンドン、一九〇三年版（The Book of Ser Marco Polo etc.. by Henry Yule. Revised by Henri Cordier. 2 Vols.. London, 1903）よりとったものである。

さくいん

【た行】

【な行】

【は行】

新《しん》・人《ひと》と歴史《れきし》　拡大版《かくだいばん》　16
マルコ=ポーロ　東西《とうざい》世界《せかい》を結《むす》んだ歴史《れきし》の証人《しょうにん》

定価はカバーに表示

2017年7月30日　　初　版　第1刷発行

著　者　佐口《さぐち》　透《とおる》
発行者　渡部　哲治
印刷所　法規書籍印刷株式会社
発行所　株式会社　**清水書院**
〒102－0072
東京都千代田区飯田橋3－11－6
電話　03－5213－7151㈹
FAX　03－5213－7160
http://www.shimizushoin.co.jp

カバー・本文基本デザイン／ペニーレイン　　ＤＴＰ／株式会社 新後閑
乱丁・落丁本はお取り替えします。　ISBN978－4－389－44116－6